文部科学省後援・全国経理教育協会主催／法人税法能力検定試験準拠

法人税法の基礎知識が身につく

# 法人税法問題集

目的に合わせて学習できます！

経理教育研究会編

## 令和6年度版

EIKOSHA

# まえがき

本書は次のような構成になっています。

●項目ごとの基本問題（3級レベルの問題を中心に、一部2級の問題）

●2級レベルの発展問題

●検定試験問題を意識した力だめし

このような構成にすることにより、検定試験の受験を目的とした方でもそれ以外の方でも、それぞれの目的に合わせた“法人税法の基礎力”がつくように学習する事ができます。

検定試験を受験されない方は、基本問題を解くだけで、力だめしや発展問題を解かなくても、十分に法人税法の基礎知識が身につくことでしょう。

検定3級を受験される方は、各項目の基本問題（2級は除く）と、力だめしの3級レベルの問題を解いてください。3級合格後2級を受験されるときには、残した2級レベルの問題を解き、本試験形式の模擬プリント集『直前模試』で検定対策の総仕上げをしましょう。

検定3級を飛ばしていきなり2級を受験される方は、発展問題・力だめしも含めて、すべての問題を順番に解いていきましょう。その後本試験形式の模擬プリント集『直前模試』で検定対策の総仕上げをしましょう。

本書で学習される方々の、それぞれの目標をクリアするお手伝いができれば幸いです。

■教育機関における学習の便宜のため、法案の段階で執筆しておりますことをあらかじめご承知おきください。なお、本書出版後に法律の改正が行われた場合は、弊社ホームページにて修正箇所をご案内させていただきます。

■学習に際しましては，弊社刊「なんとなくわかる　税法基礎のきそ」「法人税法テキスト」をあわせてご活用いただくと，さらに効果的です。

URL https://www.eikosha.net/

株式会社　英光社

# 目次

# 第1章 税金のあらまし

**001** 次の文章の（　　）の中にあてはまる語を下記の語群の中から選び記入しなさい。なお，同じ語を２度選んでもよい。

1．（ア.　　　　）第30条において「国民は，法律の定めるところにより，納税の義務を負ふ」と規定されている。また租税はすべて（イ.　　　　　　　）の原則に従い，法律又は法律に定める条件によって課されることとされている。

2．課税権の主体には，（ウ.　　　）と（エ.　　　　　　　）があり，法人税は，法人税法の定めるところにより（オ.　　　）が課税権者として，法人の所得に対して課する（カ.　　　　）である。

3．国税の代表的なものに（キ.　　　　），所得税，相続税がある。

4．税金を確定する方式に二通りあるが，もっぱら徴税機関の処分により確定する方式を（ク.　　　　　）方式といい，納税者が申告して税金を自主的に納付する方式を（ケ.　　　　　）方式という。

| | | | | | |
|---|---|---|---|---|---|
| 民法 | 憲法 | 所得税 | 申告納税 | 賦課課税 | 租税法律主義 |
| 国税 | 法人税 | 地方税 | 源泉徴収 | 国 | 地方公共団体 |

**002** 税金の分類のしかたについて，（　　）の中にあてはまる語を下記の語群の中から選び記入しなさい。

1．税金を国税と地方税に分類した場合，法人税は（ア.　　　　）に分類され，事業税は（イ.　　　　）に分類される。

2．税金を直接税と間接税に分類した場合，法人税は（ウ.　　　　　）に分類され，酒税は（エ.　　　　）に分類される。

3．税金を本税と附帯税に分類した場合，法人税は（オ.　　　）に分類される。

| | | | | |
|---|---|---|---|---|
| 間接税 | 本税 | 地方税 | 国税 | 直接税 |

**003** 次の各税金を国税と地方税に区別し，その番号を表の該当欄に記入しなさい。

1．法人税　2．自動車税　3．消費税　4．酒税　5．所得税
6．相続税　7．不動産取得税　8．事業税　9．固定資産税

| | | | | | |
|---|---|---|---|---|---|
| 国税 | | | | | |
| 地方税 | | | | | |

**004**　次の各税金を直接税と間接税に区別し，その番号を表の該当欄に記入しなさい。

１．法人税　２．自動車税　３．消費税　４．酒税　５．所得税
６．相続税　７．たばこ税　８．事業税　９．固定資産税

| | | | | | | |
|---|---|---|---|---|---|---|
| 直　接　税 | | | | | | |
| 間　接　税 | | | | | | |

**005**　次の各税金を申告納税方式によるものと賦課課税方式によるものに区別し，その番号を表の該当欄に記入しなさい。

１．法人税　２．所得税　３．固定資産税　４．不動産取得税
５．相続税　６．酒税　７．自動車税　８．消費税

| | | | | | |
|---|---|---|---|---|---|
| 申告納税方式 | | | | | |
| 賦課課税方式 | | | | | |

**006**　次の文章のうち，正しい文章には○印を，誤っている文章には×印を（　　　）内に記入しなさい。

１．（　　　）税金を直接税と間接税とに分類した場合，法人税は間接税に分類される。
２．（　　　）課税権の主体が国であるか，あるいは地方公共団体であるかによって区分した場合，法人税の課税権は地方公共団体にある。
３．（　　　）税金を本税と附帯税に分類した場合，法人税は本税に，延帯税は附帯税に分類される。
４．（　　　）法人税の徴税方式は申告納税方式であり賦課課税方式ではない。
５．（　　　）税金は法律又は法律に定める条件によらないで課されることがある。

# 第2章 法人税の概要

## 1．法人の種類

**007** 次の文章の（　　　）の中にあてはまる語を下記の語群から選び記入しなさい。なお，同じ語を２度選んでもよい。

1．国内とは，法人税法の（ア．　　　　　）をいい，また，（イ．　　　　　）とは，法人税法の施行地外の地域をいう。
2．内国法人とは，国内に（ウ．　　　　　）又は主たる（エ．　　　　　）を有する法人をいう。
3．外国法人とは，（オ．　　　　　）に本店又は主たる事務所を有しない法人をいう。

| | | | | |
|---|---|---|---|---|
| 外国 | 本店 | 日本国 | 事業場 | 事務所 |
| 国外 | 本社 | 国内 | 適用地 | 施行地 |

**008** 次の文章のうち，正しい文章には○印を，誤っている文章には×印を（　　　）内に記入しなさい。

1．（　　　）日本国内に本店がある外資系の法人は内国法人である。
2．（　　　）外国法人である協同組合等は法人税法上存在する。
3．（　　　）国外に本店があり，国内に支店がある法人は外国法人である。

**009** 次の文章の（　　　）の中に，下記の語群から適当な語を選び，記入しなさい。

1．普通法人とは，公共法人，（ア．　　　　　）及び協同組合等以外の法人をいい，人格のない社団等を（イ．　　　　　）。
2．人格のない社団等とは，法人でない（ウ．　　　　　）又は財団で（エ．　　　　　）の定めがあるものをいう。

| | | | | | | | |
|---|---|---|---|---|---|---|---|
| 社団 | 財団 | 公益法人等 | 株式会社 | 管理人 | 指定人 | 含まない | 含む |

**010** 次の表は内国法人を区別したものであるが，資料に示した法人は，そのいずれに該当するか，解答欄に記入しなさい。なお，答が２つの場合には，２つとも記載すること。

| | 法人の区分 | 解答欄 | 資料 |
|---|---|---|---|
| 内国法人 | 公共法人 | | 1．株式会社　4．PTA<br>2．農業協同組合　5．日本赤十字社<br>3．NHK　6．合資会社 |
| | 公益法人等 | | |
| | 人格のない社団等 | | |
| | 協同組合等 | | |
| | 普通法人 | | |

**011**　次の文章の（　　　）の中にあてはまる語を下記の語群から選び記入しなさい。

1．政府の出資により公益のために営む法人である，ＮＨＫ，国立競技場，国立大学法人などを（ア．　　　　　　）という。

2．日本赤十字社，商工会議所，税理士会，厚生年金基金など公共の利益を目的とする法人を（イ．　　　　　　　）という。

3．同窓会, ＰＴＡ, 社交クラブなどで代表者又は管理人の定めがあるものを（ウ．　　　　　　　　）という。

4．公益法人等と普通法人の性格を併せ持ち，組合員の事業活動の便宜のために活動を行う法人を（エ．　　　　　　　）という。

5．株式会社，合名会社，合資会社，合同会社等を（オ．　　　　　　）という。

| | | | | |
|---|---|---|---|---|
| 人格のない社団等 | 協同組合等 | 普通法人 | 公益法人等 | 公共法人 |

## 2．課税所得の範囲

**012**　次の文章の（　　　）の中にあてはまる語を下記の語群から選び記入しなさい。

1．公共法人は，（ア．　　　　　）を納める義務がない。

2．内国法人である公益法人等や（イ．　　　　　　　　　）は,（ウ．　　　　　）を営む場合には法人税を納める義務がある。

3．外国法人である普通法人は（エ．　　　　　　　）を有するときは，法人税を納める義務がある。

| | | | | |
|---|---|---|---|---|
| 人格のない社団等 | 国内源泉所得 | 国外源泉所得 | 協同組合等 | 収益事業 |
| 法人税 | 国税 | | | |

**013**　次の内国法人について，法人税の課税関係を該当欄に○印で記入しなさい。

| 法人 | 課税される | 課税されない | 課税される場合もある |
|---|---|---|---|
| 株式会社（普通法人） | | | |
| 学校法人（公益法人等） | | | |
| 農業協同組合（協同組合等） | | | |
| ＰＴＡ（人格のない社団等） | | | |
| 地方公共団体（公共法人） | | | |

## 3．事業年度

**014** 次の文章の（　　　）の中に，下記の語群から適当な語を選び，記入しなさい。

1．事業年度とは，原則として，法人の（ア.　　　　　）及び損益の計算の単位となる期間で，法令で定めるもの又は（イ.　　　　　）に定めるものをいう。

2．法人がその定款等に定める事業年度等を（ウ.　　　　　），又はその定款等において新たに事業年度を（エ.　　　　）た場合には，（オ.　　　　　）その変更前の事業年度等及び変更後の事業年度等又はその（カ.　　　　）た事業年度等を（キ　　　　　）の所轄税務署長に届け出なければならない。

| | | | | |
|---|---|---|---|---|
| 変更し | 財産 | 定め | 遅滞なく | 納税地 |
| 定款等 | 訂正し | 前日に | 翌日に | 支店 |

## 4．納税地

**015** 次の文章の（　　　）の中に，下記の語群から適当な語を選び，記入しなさい。

1．内国法人の法人税の納税地は，原則としてその（ア.　　　　　）又は主たる（イ.　　　　　）の所在地とする。

2．法人は，その法人税の納税地に異動があった場合には，（ウ.　　　　　　），その（エ.　　　　）の納税地の（オ.　　　　　　）にその旨を届け出なければならない。

| | | | | |
|---|---|---|---|---|
| 遅滞なく | 本店 | 事務所 | 支店 | 異動前 |
| 事業所 | 前日に | 翌日に | 所轄税務署長 | 異動後 |

## 5．青色申告制度

**016** 次の文章の（　　　）の中に，下記の語群から適当な語を選び，記入しなさい。なお，同じ語を2度選んでもよい。

1．内国法人は，（ア.　　　　　）の所轄税務署長の承認を受けた場合には，中間申告書，確定申告書等及びこれらの申告書に係る修正申告書を（イ.　　　　）の申告書により提出することができる。

2．その事業年度以後の各事業年度の申告書につき青色申告の承認を受けようとする内国法人は，その事業年度開始の（ウ.　　　　　　）までに，一定の事項を記載した申請書を（エ.　　　　　）の所轄税務署長に提出しなければならない。

3．青色申告の承認を受けている内国法人は，その事業年度以後の各事業年度の申告書を青色の申告書により提出することをやめようとするときは，その事業年度終了の（オ.　　　　　）から（カ.　　　　　）に所定の届出書を納税地の（キ.　　　　　　）に提出しなければならない。

| | | | | |
|---|---|---|---|---|
| 所轄税務署長 | 2月以内 | 日の前日 | 終了の日 | 日の翌日 |
| 納税地 | 青色 | 1月以内 | 白色 | |

**017** 次の文章のうち，正しい文章には○印を，誤っている文章には×印を（　　　）内に記入しなさい。

1．（　　　）欠損金の5年間繰越控除ができるのは，青色申告の特典である。
2．（　　　）欠損金の繰戻し還付ができるのは，青色申告の特典である。
3．（　　　）減価償却費を損金に算入することができるのは，青色申告の特典である。
4．（　　　）各種準備金の設定は青色申告法人だけに認められている。
5．（　　　）特別償却が認められているのは青色申告法人だけである。

## 6．用語の定義

**018** 次の文章の（　　　）の中にあてはまる語を下記の語群から選び記入しなさい。

1．商品，製品などで棚卸しをすべきものを（ア．　　　　　）という。
2．国債証券，株券などを（イ．　　　　　）という。
3．土地，減価償却資産，電話加入権などを（ウ．　　　　　）という。
4．建物，機械及び装置などで償却すべきものを（エ．　　　　　）という。

| | | | |
|---|---|---|---|
| 固定資産 | 減価償却資産 | 有価証券 | 棚卸資産 |

**019** 次の文章の（　　　）の中にあてはまる語を下記の語群から選び記入しなさい。

1．（ア．　　　　　）とは，法人が確定した決算において（イ．　　　　）又は損失として経理することをいう。
2．中間申告書とは，事業年度が（ウ．　　　）か月を超える普通法人が，（エ．　　　　　）開始の日から6か月を経過した日から（オ．　　　）か月以内に提出する申告書をいう。
3．（カ．　　　　　）とは，法人が各事業年度終了の日の翌日から（キ．　　　）か月以内に確定した決算に基づいて提出する申告書をいう。

| | | | | | |
|---|---|---|---|---|---|
| 1 | 2 | 事業年度 | 確定申告書 | 損金経理 | 費用 |
| 5 | 6 | 営業年度 | 納税申告書 | 売上原価 | |

# 第3章 所得金額の計算

## 1．各事業年度の所得の金額

**020** 次の文章の（　　　）の中にあてはまる語を下記の語群から選び記入しなさい。

1．内国法人に対して課する各事業年度の所得に対する法人税の課税標準は，各事業年度の(ア.　　　　)の金額とする。

2．内国法人の各事業年度の所得の金額とは，当該事業年度の（イ.　　　　）の額から当該事業年度の（ウ.　　　　）の額を控除した金額をいう。

3．資本等取引とは，法人の（エ.　　　　　）の額の増加又は減少を生ずる取引及び法人が行う（オ.　　　　）又は剰余金の分配をいう。

| | | | | | | |
|---|---|---|---|---|---|---|
| 損金 | 資本金等 | 所得 | 利益 | 益金 | 収益 | 費用 |

**021** 次の文章は「益金の額」について説明したものであるが，（　　　）の中にあてはまる語を下記の語群から選び記入しなさい。

各事業年度の（ア.　　　　）の金額の計算上，当該事業年度の益金の額に算入すべき金額は別段の定めがあるものを除き，資産の（イ.　　　　），有償又は（ウ.　　　　）による資産の譲渡又は役務の提供，無償による資産の譲受けその他の取引で（エ.　　　　）取引以外のものに係る当該事業年度の収益の額とする。

| | | | | | | |
|---|---|---|---|---|---|---|
| 販売 | 所得 | 無償 | 損益 | 資本等 | 譲渡 | 課税 |

**022** 次の各取引による収入額が，法人税の計算上「益金の額」に該当するものには○印を，該当しないものには×印を（　　　）内に記入しなさい。

1．（　　　）貸付金回収額
2．（　　　）作業屑の売却収入額
3．（　　　）定期預金の利子受取額
4．（　　　）借入金額
5．（　　　）有価証券の売却収入額
6．（　　　）社債発行手取額
7．（　　　）売掛金回収額
8．（　　　）商品の売却収入額

**023** 次の文章は損益の額について説明したものであるが，（　　　）の中にあてはまる語を下記の語群から選び記入しなさい。

各事業年度の所得の金額の計算上，当該事業年度の損金の額に算入すべき金額は，別段の定めがあるものを除き，次に掲げる額とする。

1．当該事業年度の収益に係る（ア.　　　　　　），完成工事原価その他これらに準ずる原価の額
2．当該事業年度の（イ.　　　　　　），一般管理費その他の費用の額
3．当該事業年度の損失の額で（ウ.　　　　　　）取引以外の取引に係るもの

| | | | | |
|---|---|---|---|---|
| 仕入高 | 棚卸資産 | 販売費 | 資本等 | 売上原価 |

**024** 次の各取引による支出額が，法人税の計算上「損金の額」に該当するものには（　　　）内に○印を付し，該当しないものには×印を付しなさい。

1．（　　　）使用人に対する賞与の支給額
2．（　　　）借入金の返済額
3．（　　　）有価証券の購入代金
4．（　　　）得意先に対する貸付額
5．（　　　）利益配当金の支払額
6．（　　　）事業税の納付額
7．（　　　）自社発行の社債の利息支払額
8．（　　　）土地の購入代金

**025** 次に掲げる取引が，資本等取引に該当するものには○印を，誤っているものには×印を（　　　）内に記入しなさい。

1．（　　　）製品の販売
2．（　　　）新株発行増資
3．（　　　）減　資
4．（　　　）土地の購入
5．（　　　）建物の売却
6．（　　　）剰余金の分配

**026** 次に掲げる項目を，益金の額に関係するもの，損金の額に関係するもの及び資本等取引に関係するものに区分して，解答欄に番号を記入しなさい。

| 区分 | 解答欄 | | 項目 | |
|---|---|---|---|---|
| 益金の額 | | | 1．新株発行増資 | 2．貸倒引当金戻入 |
| 損金の額 | | | 3．中間配当 | 4．寄附金 |
| 資本等取引 | | | 5．貸倒損失 | 6．法人税の還付加算金 |

**027** 次の文章の（　　　）の中に，下記の語群から適当な語を選び，記入しなさい。

1．法人が（ア.　　　　　）から出資を受けた金額として一定の金額を（イ.　　　　　　　）という。

2．各事業年度の所得の金額の計算上，益金の額に算入すべき（ウ.　　　　　　）並びに損金の額に算入すべき原価，費用及び損失の額は，一般に（エ.　　　　　　）と認められる会計処理の基準に従って計算されるものとする。

3．損金経理とは，法人がその（オ.　　　　　　）において（カ.　　　　　　　）として経理することをいう。

| | | | | |
|---|---|---|---|---|
| 収益の額 | 所得金額 | 資本金等の額 | 株主等 | 適正 |
| 公正妥当 | 収入又は経費 | 費用又は損失 | 確定した決算 | |

## 2．所得の金額の算定方法

**028** 次の文章は申告調整を説明したものであるが，（　　　）の中にあてはまる語を下記の語群から選び記入しなさい。

法人税の課税標準である（ア.　　　　　　）は，確定した決算による当期利益を基礎とし，これに益金算入項目と（イ.　　　　　　）項目を加算し，（ウ.　　　　　　）項目と損金算入項目を減算して計算される。

| | | | | | |
|---|---|---|---|---|---|
| 法人税 | 益金不算入 | 損金不算入 | 所得の金額 | 益金 | 損金 |

**029** 次の各文章のうち，正しいものには○印を，誤っているものには×印を（　　　）内に記入しなさい。

1．（　　　）使用人に支給した賞与は，損金に算入することができない。

2．（　　　）株主総会で決議された株主配当金支払額は，損金に算入することができる。

3．（　　　）資本金額の増加又は減少に係る取引は，資本等取引に該当する。

4．（　　　）中間配当に係る取引による支出額は，損金に算入することができる。

5．（　　　）製品の販売による収入額は，益金に算入する。

**030** 次のＡ群の用語と最も関係の深い用語をＢ群から選び，その番号をＡ群の各用語の末尾の（　　）に記入しなさい。

| Ａ　　　群 | | Ｂ　　　群 |
|---|---|---|
| a. 剰余金の分配 | （　　） | 1. 益金の額 |
| b. 受取配当等 | （　　） | 2. 損金の額 |
| c. 貸倒引当金繰入限度超過額 | （　　） | 3. 益金不算入項目 |
| d. 売上原価 | （　　） | 4. 損金不算入項目 |
| e. 売上高 | （　　） | 5. 資本等取引 |

**031** 次の資料により，東京株式会社の当事業年度の所得金額を計算しなさい。

1. 当期利益の額　　　57,264,000円
2. 益金算入額　　　　1,903,000円
3. 益金不算入額　　　3,820,000円
4. 損金算入額　　　　2,655,000円
5. 損金不算入額　　　48,108,000円

$$\boxed{\phantom{xxxxx}円} + \left( \boxed{\phantom{xxxx}円} + \boxed{\phantom{xxxx}円} \right) - \left( \boxed{\phantom{xxxx}円} + \boxed{\phantom{xxxx}円} \right)$$

$$= \boxed{\phantom{xxxxx}円}$$

**032** 次の資料により，日本株式会社の当期（自令和6年4月1日　至令和7年3月31日）の確定申告により納付すべき法人税額を計算しなさい。なお，提示されている資料以外は一切考慮しなくてよい（当期において中間申告法人税額の納付はないものとする）。

(1) 当期利益の額　　　34,928,000円
(2) 益金算入額　　　　5,017,000円
(3) 益金不算入額　　　2,430,000円
(4) 損金算入額　　　　27,508,000円
(5) 損金不算入額　　　4,993,000円
(6) 税率は，資本金1億円超の法人に適用される基本税率による。

1. 課税所得金額

$$\boxed{\phantom{xxxxx}円} + \left( \boxed{\phantom{xxxx}円} + \boxed{\phantom{xxxx}円} \right) - \left( \boxed{\phantom{xxxx}円} \right.$$

$$\left. + \boxed{\phantom{xxxx}円} \right) = \boxed{\phantom{xxxxx}円}$$

2. 納付すべき法人税額

$$\boxed{\phantom{xxxxx}円} \times 23.2\% = \boxed{\phantom{xxxxx}円}$$

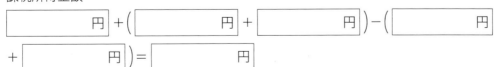

**033** 次の資料により，横浜株式会社の当期（自令和6年4月1日　至令和7年3月31日）の確定申告により納付すべき法人税額を計算しなさい。なお，中間申告法人税額は5,000,000円である。

(1) 当期利益の額　　　40,285,000円
(2) 益金算入額　　　　2,870,000円
(3) 益金不算入額　　　5,134,000円
(4) 損金算入額　　　24,603,000円
(5) 損金不算入額　　16,582,000円
(6) 税率は，資本金1億円超の法人に適用される基本税率による。

1. 課税所得金額

$$\boxed{\phantom{xxxxxxx}}円 + \left(\boxed{\phantom{xxxxxx}}円 + \boxed{\phantom{xxxxxx}}円\right) - \left(\boxed{\phantom{xxxxxx}}円\right.$$
$$\left. + \boxed{\phantom{xxxxxx}}円\right) = \boxed{\phantom{xxxxxx}}円$$

2. 当期法人税額

$$\boxed{\phantom{xxxxx}}円 \times \boxed{\phantom{xx}}\% = \boxed{\phantom{xxxxxx}}円$$

3. 納付すべき法人税額

$$\boxed{\phantom{xxxxx}}円 - \boxed{\phantom{xxxxx}}円 = \boxed{\phantom{xxxxxx}}円$$

# 第4章 益金の額

## 1．収益の計上時期

**034** 次の各文章を完成させるため（　　　）内から1つ選び，○で囲みなさい。

1．商品，製品などの販売による収益は，原則として（a．代金の受取り，b．引渡し，C．契約）の日の属する事業年度に帰属する。
2．固定資産の譲渡による収益は，原則として（a．代金の受取り，b．引渡し，C．契約）の日の属する事業年度に帰属する。
3．受取配当の収益計上の時期は，原則として（a．権利が確定した，b．金銭を受取った）日の属する事業年度に帰属する。

**035** 次の文章のうち，法人税法上正しい文章には○印を，誤っている文章には×印を（　　　）内に記入しなさい。

1．（　　　）税法では，商品を販売した場合，現金を受入れない限り当該事業年度の益金の額に算入しない。
2．（　　　）税法では，償却費を除き，期末までに債務の確定しないものは原則として損金と認められない。
3．（　　　）商品の売上は，掛売りであっても，商品を引渡した日の属する事業年度の益金の額に算入させる。
4．（　　　）当該事業年度に受取るべき権利が確定している受取手数料でも，期末に未収である場合には，原則として当該事業年度の益金の額に算入されない。

## 2．益金に算入されない収益

**036** 次に掲げる収益を，益金となるものと益金とならないものに区分して，解答欄に番号を記入しなさい。

1．法人税（本税）の還付金　　2．預金の利息　　3．有価証券の売却益
4．資産の評価益　　5．（一定の）受取配当金　　6．貸倒引当金戻入益

| | | | |
|---|---|---|---|
| 益金となるもの | | | |
| 益金とならないもの | | | |

**037** 次の文章のうち，正しい文章には○印を，誤っている文章には×印を（　　　）内に記入しなさい。

1．（　　　）会社が計上した資産の評価益は，原則として，益金の額に算入される。
2．（　　　）前事業年度に納付した事業税の還付金は，益金の額に算入されない。
3．（　　　）前事業年度に納付した市県民税の還付金は，益金の額に算入されない。
4．（　　　）確定申告により納付した法人税額が過大であったので，所定の手続きによりその過大相当額の還付を受けた。この場合の還付金は，益金の額に算入されない。

## 3．受取配当等の益金不算入

**038** 次の各取引の仕訳を示しなさい。

1．所有しているＡ株の配当金159,160円を現金で受取った。この金額は所得税等40,840円を源泉徴収された後の金額であるが，手取額を収益に計上した。
2．所有しているＢ株の配当金397,900円を現金で受取った。この金額は所得税等102,100円を源泉徴収された後の金額であるが，総額500,000円を収益に計上した。
※Ａ株，Ｂ株ともに非上場株式である。

| | 借方科目 | 金額 | 貸方科目 | 金額 |
|---|---|---|---|---|
| 1 | | | | |
| 2 | | | | |

**039** 次の資料により，受取配当等の益金不算入額を計算しなさい。

(1) 内国法人Ａ株式会社から受け取った配当の額　1,600,000円
なお，同社に対する当社の株式保有割合は55%である。数年前から保有しており，保有割合にも異動はない。
(2) 内国法人の株式を運用対象としたＢ特定株式投資信託の収益の分配（所得税額等控除前）　280,000円
(3) 控除する負債の利子の額　64,000円

益金不算入額　（［　　　円］－［　　　円］）＋［　　　円］×［　　　%］
＝［　　　円］

**040**　次の資料により，当社の当期（自令和6年4月1日　至令和7年3月31日）における受取配当等の益金不算入額を計算しなさい。

(1)　受取配当等の内容

①　非上場のA株式会社の株式に係る配当　840,000円

当社の株式保有割合は80%であり，数年前から保有している。保有割合については，異動がない。

②　内国法人の株式を運用対象としたB特定株式投資信託の収益の分配　540,000円

(2)　控除する負債利子の額　33,600円

益金不算入額　（［　　　円］－［　　　円］）＋［　　　円］×［　　　%］

＝［　　　円］

**041**　次の資料により，当社の当期（自令和6年4月1日　至令和7年3月31日）における受取配当等の益金不算入額を計算しなさい。

(1)　受取配当等の内容

①　A株式会社の株式に係る配当　900,000円

②　B株式会社の株式に係る配当　200,000円（所得税額等控除前）

③　C特定株式投資信託に係る収益の分配　300,000円（所得税額等控除前）

※当社のA株式の保有割合は40%，B株式の保有割合は10%である。両株式ともに数年前から所有しており，保有割合の異動もない。

(2)　控除する負債利子の額　36,000円

1．配当等の額

①　関連法人株式等　［　　　円］

②　その他の株式等　［　　　円］

③　特定株式投資信託　［　　　円］

2．益金不算入額　（［　　　円］－［　　　円］）＋［　　　円］×［　　　%］

＋［　　　円］×［　　　%］＝［　　　円］

**042** 次に掲げる資料により当社の当期（自令和６年４月１日　至令和７年３月31日）における受取配当等の益金不算入額を計算しなさい。（２級）

＜資　料＞

１．当期における受取配当等の状況は次のとおりであり，差引収入金額をもって雑収入に計上している。

| 銘柄等 | 内　容 | 配当等の額 | 源泉徴収税額 | 差引手取額 | 配当等の計算期間 | |
|---|---|---|---|---|---|---|
| Ａ　株　式 | 利益の配当 | 180,000円 | 0円 | 180,000円 | 令和５年７月１日～令和６年６月30日 | 注 |
| Ｂ特定株式投資信託 | 収益分配金 | 100,000円 | 15,315円 | 84,685円 | 令和６年２月１日～令和７年１月31日 | — |
| Ｃ銀行預金 | 預金の利子 | 60,000円 | 9,189円 | 50,811円 | — | — |

（注）当社のＡ株式保有割合は35％であり，平成28年７月１日に取得し，その後の取得及び売却はない。

２．控除負債利子は，7,200円である。

⑴　控除負債利子　［　　　　円］

⑵　益金不算入額　（［　　　　円］－［　　　　円］）＋［　　　　円］×［　　　　％］

＝［　　　　円］

## 発展問題

**043**　次に掲げる資料によりＴ株式会社の当期（自令和6年４月１日　至令和7年３月31日）における受取配当等の益金不算入額を計算しなさい。（２級）

＜資　料＞

１．当期において次の配当等の支払を受け，税引後の手取額をもって雑収入に計上している。

| 銘柄等 | 内容 | 受取配当等の額 | 源泉徴収税額 | 差引手取額 | 配当等の計算期間 |
|---|---|---|---|---|---|
| Ａ株式 | 利益の配当 | 850,000円 | 0円 | 850,000円 | 令和５年７月１日～令和６年６月30日 |
| Ｂ株式 | 利益の配当 | 630,000円 | 96,484円 | 533,516円 | 令和６年２月１日～令和７年１月31日 |
| Ｃ証券投資信託 | 収益分配金 | 300,000円 | 45,945円 | 254,055円 | 令和５年６月１日～令和６年５月31日 |
| Ｄ銀行預金 | 預金の利子 | 180,000円 | 27,567円 | 152,433円 | ―― |

注１．上記の受取配当等の元本はすべて数年前より所有し，その後元本の異動はない。

注２．当社におけるＡ株式の保有割合は57%，Ｂ株式の保有割合は25%である。

注３．Ｃ証券投信信託は，内国法人の株式に運用しているものであり，特定株式投資信託に該当する。

２．控除負債利子は，34,000円である。

１．受取配当等の額

①　関連法人株式等　［　　　　円］

②　その他の株式等（完全子法人株式等，関連法人株式等及び非支配目的株式等以外の株式等）

［　　　　円］

③　特定株式投資信託　［　　　　円］

２．控除負債利子　［　　　　円］

３．益金不算入額　（［　　　　円］－［　　　　円］）＋［　　　　円］

×［　　％］＋［　　　　円］×［　　％］＝［　　　　円］

**044**　次の文章の（　　　）の中に，下記の語群から適当な語を選び，記入しなさい。

内国法人がその受ける配当等の額（みなし配当の額を除く。）の元本である株式等をその配当等の額の計算の基礎となった期間の末日以前（ア.　　　　　　）に取得し，かつ，その株式等（同一銘柄を含む。）を同日後（イ.　　　　　　）に譲渡した場合におけるその譲渡した株式等のうち一定の算式で計算したものに係る配当等の額については，（ウ.　　　　）不算入の適用はない。

| | | | | | |
|---|---|---|---|---|---|
| １年以内 | １月以内 | ６ヶ月以内 | ２月以内 | 損金 | 益金 |

# 第5章　損金の額

## 1．棚卸資産の額

**045**　次の文章の（　　　）の中に，下記の語群から適当な語を選び，記入しなさい。

1．棚卸資産とは，商品，製品，（ア．　　　　　），仕掛品，原材料その他の資産（有価証券及び短期売買商品を除く。）で（イ．　　　　）をすべきものとして特定のものをいう。
2．内国法人は，棚卸資産につき選定した評価の方法を変更しようとするときは，その新たな評価の方法を採用しようとする事業年度開始の（ウ．　　　　　　）までに，納税地の（エ．　　　　　　　）に対して，所定の事項を記載した（オ．　　　　　　　　）を提出し承認を受けなければならない。
3．新たに設立した内国法人は，その設立の日の属する事業年度の(カ．　　　　　　　　　　)までに，棚卸資産につき，選定した（キ．　　　　　　　）を書面により納税地の所轄税務署長に届け出なければならない。
4．内国法人が，棚卸資産の評価の方法を選定しなかった場合又は選定した評価の方法により評価しなかった場合には，（ク．　　　　　　　　）により算出した取得原価による原価法により評価する。

| | | | | | |
|---|---|---|---|---|---|
| 工業品 | 所轄税務署長 | 最終仕入原価法 | 申告書の提出期限 | 棚卸 | 日の翌日 |
| 半製品 | 評価の方法 | 変更承認申請書 | 売価還元法 | 届出書 | 日の前日 |

**046**　次の文章のうち，正しい文章には○印を，誤っている文章には×印を（　　　）内に記入しなさい。

1．（　　　）購入した棚卸資産の取得価額は，仕入先からの送付代価だけで評価しなければならない。
2．（　　　）棚卸資産の評価方法を選定しなかった場合又は選定した評価方法以外の評価方法により評価した場合は，先入先出法により評価しなければならい。
3．（　　　）棚卸資産の評価方法を変更しようとするときは，その新たな評価方法を採用しようとする事業年度開始の日の前日までに，変更承認申請書を納税地の所轄税務署長に提出しなければならない。

**047**　次の資料から，月末商品棚卸高を先入先出法及び最終仕入原価法により評価し，その金額を解答欄に記入しなさい。

| | 数量 | 単価 | 残高数量 |
|---|---|---|---|
| 月初有高 | 50個 | 100円 | 50個 |
| 売上 | 10 | | 40 |
| 仕入 | 20 | 104 | 60 |
| 仕入 | 30 | 102 | 90 |
| 売上 | 50 | | 40 |
| 月末有高 | 40 | | |

1．先入先出法　[　　　円]×[　　　個]−[　　　円]×[　　　個]＋[　　　円]×[　　　個]
＋[　　　円]×[　　　個]−[　　　円]×[　　　個]−[　　　円]×[　　　個]
＝[　　　円]

2．最終仕入原価法　[　　　円]×[　　　個]＝[　　　円]

**048** スプリング株式会社は，A商品を輸入して国内の得意先に販売した。その内訳は次のとおりであるが，A商品の取得価額を計算しなさい。

| | | | | | |
|---|---|---|---|---|---|
| 購入代価 | 5,000,000円 | 輸入運送保険料 | 20,000円 | 販売運送料 | 250,000円 |
| 販売手数料 | 160,000円 | 関税 | 15,000円 | 販売代価 | 8,000,000円 |

| | | | | | | |
|---|---|---|---|---|---|---|
| 円 | ＋ | 円 | ＋ | 円 | ＝ | 円 |

**049** M株式会社は，棚卸資産の評価について原価法を採用している。次の資料により，評価損の計上できる商品には○印を，計上できない商品には×印を解答欄に記入しなさい。

<資　料>

| 区　分 | 評価替え直前簿価 | 期末時価 | 備　考 | 解答欄 |
|---|---|---|---|---|
| A商品 | 1,382,500円 | 931,000円 | 売れ残りの季節商品であり，過去の実績からみて通常価額で販売できない。 | |
| B商品 | 3,750,000円 | 1,645,000円 | 地震により著しく損傷した。 | |
| C商品 | 10,931,500円 | 9,575,000円 | 性能の著しく異なる新製品の発売により通常の方法で販売できない。 | |
| D商品 | 6,317,500円 | 5,321,000円 | 過剰生産のため時価が下落した。 | |
| E商品 | 4,336,500円 | 4,070,000円 | 建値の変更により時価が下落した。 | |
| F商品 | 3,209,500円 | 2,973,500円 | 商品運搬中に型くずれしたことにより，通常の方法で販売できない。 | |
| G商品 | 4,840,000円 | 4,437,500円 | 長期間倉庫に保管したため品質が低下し，通常の方法で販売できない。 | |
| H商品 | 7,706,500円 | 7,482,000円 | 物価変動により時価が下落した。 | |

**050** 次の資料により，評価損として損金の額に算入できる金額を計算しなさい。（2級）

| 種　類 | 評価換え直前簿価 | 期末時価 | 評価損計上額 | 評価損計上の理由 |
|---|---|---|---|---|
| A商品 | 2,650,000円 | 1,290,000円 | 1,500,000円 | 商品運搬中に型崩れしたことにより，通常の方法で販売できない。 |
| B商品 | 5,380,000円 | 2,912,000円 | 2,580,000円 | 物価変動により時価が下落した。 |
| C商品 | 3,407,000円 | 1,390,000円 | 2,100,000円 | 長期間保管による品質の変化により，通常の方法で販売できない。 |

1．A 商 品

(1) 会社計上額　　円

(2) 評価損の計上ができる限度額　　円 －　　円 ＝　　円

(3) 評価損否認額　　円 －　　円 ＝　　円

2．B 商 品

(1) 会社計上額　　円

(2) 評価損の計上ができる限度額　　円

(3) 評価損否認額　　円 －　　円 ＝　　円

3．C 商 品

(1) 会社計上額　　円

(2) 評価損の計上ができる限度額　　円 －　　円 ＝　　円

(3) 評価損否認額　　円 －　　円 ＝　　円

4．評価損否認額の合計　　円 ＋　　円 ＋　　円

＝　　円

## 発展問題

**051** M株式会社は，棚卸資産の評価について原価法を採用している。次の資料により，評価損として損金の額に算入できる金額を計算しなさい（算入できない場合には損金算入額の欄に「――」を付しなさい）。（２級）

＜資　料＞

| 区　分 | 評価替え直前簿価 | 期末時価 | 備　　　考 |
|---|---|---|---|
| A 商品 | 2,765,000円 | 1,862,000円 | 売れ残りの季節商品であり，過去の実績からみて通常価額で販売できない。 |
| B 商品 | 7,500,000円 | 3,290,000円 | 地震により著しく損傷した。 |
| C 商品 | 21,863,000円 | 19,150,000円 | 性能の著しく異なる新製品の発売により通常の方法で販売できない。 |
| D 商品 | 12,635,000円 | 10,642,000円 | 過剰生産のため時価が下落した。 |
| E 商品 | 8,673,000円 | 8,140,000円 | 建値の変更により時価が下落した。 |
| F 商品 | 6,419,000円 | 5,947,000円 | 商品運搬中に型くずれしたことにより，通常の方法で販売できない。 |
| G 商品 | 9,680,000円 | 8,875,000円 | 長期間倉庫に保管したため品質が低下し，通常の方法で販売できない。 |
| H 商品 | 15,413,000円 | 14,964,000円 | 物価変動により時価が下落した。 |

| 区　分 | 計　算　過　程 | 損金算入額 |
|---|---|---|
| A 商品 | | 円 |
| B 商品 | | 円 |
| C 商品 | | 円 |
| D 商品 | | 円 |
| E 商品 | | 円 |
| F 商品 | | 円 |
| G 商品 | | 円 |
| H 商品 | | 円 |
| 合　計 | （A商品～H商品までの損金算入額の合計額） | 円 |

## 2．有価証券

**052** 次の文章の（　　　）の中に，下記の語群から適当な語を選び，記入しなさい。

税法上，有価証券は（ア.　　　　　　　　　）とそれ以外の有価証券に区分され，（イ.　　　　　　　　　）の期末評価額は，時価法により評価した金額とされている。

有価証券の譲渡損益は，（ウ.　　　　）ごとに計算し，譲渡対価の額から（エ.　　　　　　　　）を控除して計算する。

譲渡原価の額は，一単位当たりの帳簿価額に，譲渡した有価証券の（オ.　　　）を乗じて計算する。一単位当たりの帳簿価額の算出方法には，（カ.　　　　　　　）と総平均法があり，算出方法を選定しなかった場合又は選定した方法によらなかった場合には，法定算出方法である（キ.　　　　　　　）により計算することになる。

| | | | | | |
|---|---|---|---|---|---|
| 満期保有目的有価証券 | 最終原価法 | 移動平均法 | 単位 | 数 | 銘柄 |
| 売買目的有価証券 | 先入先出法 | 譲渡原価の額 | 費用 | 量 | |

## 3．減価償却資産の償却

**053** 次に掲げる資産のうち，減価償却資産に該当するものには○印を，該当しないものには×印を（　　　）内に記入しなさい。

1.（　　　）事業供用前の機械　2.（　　　）営業中の店舗　3.（　　　）稼動中の工場
4.（　　　）土地　5.（　　　）電話加入権　6.（　　　）営業権
7.（　　　）開発費　8.（　　　）本社建物　9.（　　　）建設仮勘定
10.（　　　）セザンヌの絵画(複製ではない)

**054** 次の文章の（　　　）の中に，下記の語群から適当な語を選び，記入しなさい。

1.（ア.　　　　　　　　）とは，（イ.　　　　　），構築物，機械及び装置，（ウ.　　　　　），車両及び運搬具，工具，（エ.　　　　　）及び備品，鉱業権その他の資産で（オ.　　　　　）をすべきものとして特定のものをいう。

2.固定資産とは，（カ.　　　　　）（土地の上に存する権利を含む），減価償却資産，（キ.　　　　　　　　）その他の資産で特定のものをいう。

3.内国法人は，減価償却資産につき選定した償却の方法を変更しようとするときは，その新たな償却の方法を採用しようとする事業年度開始の（ク.　　　　　　）までに，（ケ.　　　　　）の所轄税務署長に対して，所定の事項を記載した変更承認申請書を提出し（コ.　　　　　）を受けなければならない。

| | | | | | | |
|---|---|---|---|---|---|---|
| 固定資産 | 器具 | 土地 | 納税地 | 許可 | 減価償却資産 | 償却 |
| 日の翌日 | 建物 | 承認 | 日の前日 | 船舶 | 電話加入権 | |

**055** 次の文章のうち，正しい文章には○印を，誤っている文章には×印を（　　　）内に記入しなさい。

1．(　　　) 有形減価償却資産の償却方法を選定しなかった場合は，新規取得建物及び鉱業用減価償却資産を除き，定額法によって償却費を計算しなければならない。

2．(　　　) 減価償却費の損金算入は，償却費として損金経理することが要件であり，剰余金の処分によるものは原則として認められない。

3．(　　　) 減価償却費の損金算入額は，償却費として損金経理をした金額のうち，税法の規定により計算した償却限度額に達するまでの金額である。

4．(　　　) 購入した機械の据付費は，その機械の取得価額のうちに含めなければならない。

5．(　　　) 耐用年数が１年未満又は取得価額が10万円未満のいわゆる少額減価償却資産について，会社が損金経理をしないで申告調整で減算すれば，その金額は所得の金額の計算上，損金の額に算入される。

**056** 山手株式会社は，事業年度（令和６年１月１日～令和６年12月31日）中に次の減価償却資産を取得した。よって，当期の減価償却限度額を計算しなさい。なお，当社は所轄税務署長に減価償却の方法についての届出をしていない。

| 種類細目 | 事業供用年月日 | 取得価額 | 耐用年数 | 償却費 | |
|---|---|---|---|---|---|
| | | | | 定額法 | 定率法 |
| 建物（店舗） | 令和６年10月15日 | 14,000,000円 | 22年 | 0.046 | 0.091 |
| 車　　両 | 令和６年４月10日 | 3,500,000円 | ６年 | 0.167 | 0.333 |
| 備　　品 | 令和６年10月15日 | 700,000円 | 10年 | 0.100 | 0.200 |

1．建　物（店舗）　　　　円 × 0.　　 × —— ＝ 　　　　円

2．車　　　両　　　　円 × 0.　　 × —— ＝ 　　　　円

3．備　　　品　　　　円 × 0.　　 × —— ＝ 　　　　円

**057** 次の資料により，中央株式会社の第16期（自令和６年４月１日　至令和７年３月31日）事業年度における減価償却限度額を計算しなさい。なお，減価償却方法として建物以外の減価償却資産については定率法を選択し届け出ている。

| 種類細目 | 事業供用年月日 | 取得価額 | 耐用年数 | 期首帳簿価額 |
|---|---|---|---|---|
| 建　　物 | 令和４年４月10日 | 12,000,000円 | 22年 | 10,896,000円 |
| 機械及び装置 | 平成23年10月１日 | 6,000,000円 | 25年 | 2,208,298円 |
| 車両運搬具 | 令和５年12月５日 | 2,000,000円 | ６年 | 1,778,000円 |
| 器具及び備品 | 令和６年２月20日 | 900,000円 | ７年 | ―― |

＜償却率＞　定額法　６年……0.167　７年……0.143　22年……0.046　25年……0.040

250%定率法　６年……0.417　７年……0.357　22年……0.114　25年……0.100

200%定率法　６年……0.333　７年……0.286　22年……0.091　25年……0.080

1．建　　物　　　円 × 0.　　 = 　　円

2．機械及び装置　　　円 × 0.　　 = 　　円

3．車両運搬具　　　円 × 0.　　 = 　　円

4．器具及び備品　　　円 × 0.　　 × ―― = 　　円

**058** 次の資料は，相模株式会社が第８期（自令和６年４月１日　至令和７年３月31日）事業年度中に取得した減価償却資産の内訳である。よって，第８期の減価償却限度額を計算しなさい。なお，取得価額の全額を損金経理すれば損金の額に算入できるものは，その金額を記入しなさい。当社は，所轄税務署長に減価償却の方法についての届出をしていない。

| 種類細目 | 事業供用年月日 | 取得価額 | 耐用年数 | 償却率 | |
|---|---|---|---|---|---|
| | | | | 定額法 | 定率法 |
| 器具備品Ａ | 令和７年１月26日 | 1,000,000円 | 15年 | 0.067 | 0.133 |
| 器具備品Ｂ | 令和７年３月10日 | 95,000円 | ６年 | 0.167 | 0.333 |

1．器具備品A　　　円 × 0.　　 × ―― = 　　円

2．器具備品B　　　円 ＜ 　　円 = 　　円

**059**　次の資料により，総武株式会社の第23期（自令和６年１月１日　至令和６年12月31日）事業年度における減価償却限度額を計算しなさい。なお，建物は平成10年４月１日以後平成19年３月31日以前に取得したものであり，車両運搬具については平成24年４月１日以後に取得したものである。

また当社は減価償却の方法について税務署長への届出はしていない。

| 種類科目 | 取得価額 | 耐用年数 | 期首帳簿価額 | 備　　考 |
|---|---|---|---|---|
| 建　　物 | 10,000,000円 | 22年 | 4,064,000円 | 繰越償却超過額が140,000円ある。 |
| 車両運搬具 | 3,000,000円 | ８年 | 2,150,000円 | 繰越償却超過額が100,000円ある。 |

＜償却率＞　旧定額法　８年…0.125　22年…0.046　定額法　８年…0.125　22年…0.046

旧定率法　８年…0.250　22年…0.099　定率法　８年…0.250　22年…0.091

1．建　　物　　　　円 × 0.　 × 0.　 ＝ 　　　円

2．車両運搬具　（　　　円 ＋ 　　　円）× 0.　 ＝ 　　　円

**060**　次の資料により，東海株式会社の第11期（自令和６年４月１日　至令和７年３月31日）事業年度における減価償却限度額を計算しなさい。なお，当社は減価償却の方法について税務署長への届出はしていない。

| 種類科目 | 取得価額 | 耐用年数 | 期首帳簿価額 | 備　　考 |
|---|---|---|---|---|
| 建　　物 | 8,000,000円 | 20年 | 6,820,000円 | 繰越償却不足額が20,000円ある。 |
| 機械装置 | 4,000,000円 | ８年 | 3,180,000円 | 繰越償却不足額が180,000円ある。 |

（注）建物及び機械装置とも，平成24年４月１日以後に取得したものである。

＜償却率＞　定額法　８年……0.125　20年……0.050

定率法　８年……0.250　20年……0.100

1．建　　物　　　　円 × 0.　 ＝ 　　　円

2．機械装置　　　　円 × 0.　 ＝ 　　　円

**061**　次の資料により，京浜株式会社の第６期（自令和６年４月１日　至令和７年３月31日）事業年度における繰越償却超過額の認容額を計算しなさい。なお，機械について定率法を選択し届出をしている。

| 種類細目 | 取得価額 | 耐用年数 | 期首帳簿価額 | 当期償却費 | 備　　考 |
|---|---|---|---|---|---|
| 機　　械 | 10,000,000円 | ６年 | 6,550,000円 | 2,182,830円 | 繰越償却超過額が120,000円ある。 |

＜償却率＞　定率法　６年……0.333

1．当期償却限度額

（　　　　円＋　　　　円）×0.　　　＝　　　　円

2．当期償却不足額

　　　　円－　　　　円＝　　　　円

3．繰越償却超過額の当期認容額

　　　　円＞　　　　円　　∴ 低い方の金額　　　　円

**062** 株式会社甲社の第18期事業年度（自令和6年2月1日　至令和7年1月31日）の減価償却の計算に必要な資料は下記のとおりである。よって，減価償却限度額をそれぞれ解答欄にしたがって計算しなさい。（3級）

| | 種　類 | 事業の用に供した年月日 | 取得価額 | 期首帳簿価額 | 償却方法 | 耐用年数 | 償却率 |
|---|---|---|---|---|---|---|---|
| 1 | 建物(本社) | 平成19年3月10日 | 45,000,000円 | 25,033,500円 | 旧定額法 | 30年 | 0.034 |
| 2 | 建物(工場) | 令和6年6月15日 | 36,000,000円 | — | 定額法 | 24年 | 0.042 |
| 3 | 機械装置 | 平成24年2月20日 | 30,000,000円 | 6,000,000円 | 定率法 | 10年 | 0.250 |
| 4 | 車両運搬具 | 令和5年8月10日 | 3,500,000円 | 2,800,000円 | 定率法 | 6年 | 0.333 |
| 5 | 器具備品 | 令和6年4月1日 | 900,000円 | — | 定率法 | 5年 | 0.400 |

(1) 機械装置には，前期において，償却不足額が43,750円算出されている。

(2) 車両運搬具には，繰越償却超過額が117,250円ある。

1．建物(本社)

　　　　円×　　　×0.　　　＝　　　　円

2．建物(工場)

　　　　円×0.　　　×$\frac{\quad}{12}$＝　　　　円

3．機械装置

　　　　円×0.　　　＝　　　　円

4．車両運搬具

（　　　　円＋　　　　円）×0.　　　＝　　　　円

5．器具備品

　　　　円×0.　　　×$\frac{\quad}{12}$＝　　　　円

**063**　次の資料に基づき，Ａ株式会社（期末資本金の額３億円）の当期（令和６年４月１日　至令和７年３月31日）における減価償却超過額又は減価償却超過額の当期認容額を解答欄にしたがって計算しなさい。

なお，Ａ株式会社は減価償却の方法として，建物については定額法を，その他の有形減価償却資産については定率法を選定し，適法にその届出を行っている。

＜資　料＞

(1)　当期において損金経理により償却費を計上した減価償却資産

| 資　　産 | 取得日・事業供用日 | 取得価額 | 期首帳簿価額 | 当期償却費 | 法定耐用年数 |
|---|---|---|---|---|---|
| 建　　　物 | 平成18年４月20日 | 50,000,000円 | 18,440,000円 | 2,300,000円 | 22年 |
| 車　　　両 | 令和３年４月30日 | 4,000,000円 | 1,200,000円 | 415,000円 | ６年 |
| 備　品　Ａ | 令和５年10月20日 | 2,600,000円 | 2,275,000円 | 650,000円 | ８年 |
| 備　品　Ｂ | 令和５年12月１日 | 1,500,000円 | 1,150,000円 | 400,000円 | ５年 |

（注１）　繰越償却超過額が建物について510,000円，備品Ｂについて150,000円ある。

（注２）　車両については前期において償却不足額13,036円が生じている。

(2)　資産に係る償却率

| 耐用年数／償却方法 | ５年 | ６年 | ８年 | 22年 |
|---|---|---|---|---|
| 旧　定　額　法 | 0.200 | 0.166 | 0.125 | 0.046 |
| 250%　定　率　法 | 0.500 | 0.417 | 0.313 | 0.114 |
| 200%　定　率　法 | 0.400 | 0.333 | 0.250 | 0.091 |

１．建　　物

①　会社計上償却費　［　　　　円］

②　償　却　限　度　額　［　　　　円］× 0.9 ×［0.　　］＝［　　　　円］

③　減価償却超過額　①－②＝［　　　　円］

２．車　　両

①　会社計上償却費　［　　　　円］

②　償　却　限　度　額　［　　　　円］×［0.　　］＝［　　　　円］

③　減価償却超過額　①－②＝［　　　　円］

３．備　品　Ａ

①　会社計上償却費　［　　　　円］

②　償　却　限　度　額　［　　　　円］×［0.　　］＝［　　　　円］

③　減価償却超過額　①－②＝［　　　　円］

4．備 品 B

① 会社計上償却費　［　　　　円］

② 償 却 限 度 額　（［　　　　円］＋［　　　　円］）×［0.　　］＝［　　　　円］

③ 認　　容　　額　｛②－①＝［　　　　円］｝＜ 150,000円　∴［　　　　円］

**064** 次の資料に基づき，Ａ株式会社（期末資本金の額40,000,000円）の当期（令和６年３月１日至令和７年２月28日）における減価償却超過額又は減価償却超過額の当期認容額を解答欄にしたがって計算しなさい。（３級）

＜資　料＞

(1) 当期において損金経理により償却費を計上した減価償却資産

| 資　　産 | 取得日・事業供用日 | 取 得 価 額 | 当期償却費 | 期末帳簿価額 | 法定耐用年数 |
|---|---|---|---|---|---|
| 建　　物 | 平成18年９月１日 | 25,000,000円 | 1,200,000円 | 8,975,000円 | 22年 |
| 車　　両 | 令和３年４月10日 | 1,800,000円 | 150,000円 | 350,000円 | ６年 |
| 備　　品 | 令和７年１月20日 | 750,000円 | 75,000円 | 675,000円 | ５年 |

（注1）建物については前期において償却不足額17,500円生じている。

（注2）車両については前期以前において繰越償却超過額が34,135円生じている。

(2) Ａ株式会社は建物の減価償却の方法として定額法を，車両及び備品の減価償却の方法として定率法を選定し，適法にその届出を行っている。

(3) 償却率は次のとおりである。

| 耐用年数<br>償却方法 | ５年 | ６年 | 22年 |
|---|---|---|---|
| 旧 定 額 法 | 0.200 | 0.166 | 0.046 |
| 定　額　法 | 0.200 | 0.167 | 0.046 |
| 250% 定 率 法 | 0.500 | 0.417 | 0.114 |
| 200% 定 率 法 | 0.400 | 0.333 | 0.091 |

1．建　　物

① 会社計上償却費　［　　　　円］

② 償 却 限 度 額　［　　　　円］× 0.9 ×［0.　　］＝［　　　　円］

③ 減価償却超過額　①－②＝［　　　　円］

法人税法の基礎知識が身につく

# 法人税法問題集

## 解答編

**令和6年度版**

EIKOSHA

**001**

| | | | | | | | | | |
|---|---|---|---|---|---|---|---|---|---|
| ア | 憲法 | イ | 租税法律主義 | ウ | 国 | エ | 地方公共団体 | オ | 国 |
| カ | 国税 | キ | 法人税 | ク | 賦課課税 | ケ | 申告納税 | | |

**002**

| | | | | | | | | | |
|---|---|---|---|---|---|---|---|---|---|
| ア | 国税 | イ | 地方税 | ウ | 直接税 | エ | 間接税 | オ | 本税 |

**003**

| | | | | | |
|---|---|---|---|---|---|
| 国税 | 1 | 3 | 4 | 5 | 6 |
| 地方税 | 2 | 7 | 8 | 9 | |

**004**

| | | | | | | |
|---|---|---|---|---|---|---|
| 直接税 | 1 | 2 | 5 | 6 | 8 | 9 |
| 間接税 | 3 | 4 | 7 | | | |

**005**

| | | | | | |
|---|---|---|---|---|---|
| 申告納税方式 | 1 | 2 | 5 | 6 | 8 |
| 賦課課税方式 | 3 | 4 | 7 | | |

**006**

| 1 | 2 | 3 | 4 | 5 |
|---|---|---|---|---|
| × | × | ○ | ○ | × |

**007**

| | | | | | | | | | |
|---|---|---|---|---|---|---|---|---|---|
| ア | 施行地 | イ | 国外 | ウ | 本店 | エ | 事務所 | オ | 国内 |

**008**

| 1 | 2 | 3 |
|---|---|---|
| ○ | × | ○ |

**009**

| | | | | | | | |
|---|---|---|---|---|---|---|---|
| ア | 公益法人等 | イ | 含まない | ウ | 社団 | エ | 管理人 |

**010**

| | 法人の区分 | 解答欄 |
|---|---|---|
| 内国法人 | 公共法人 | 3 |
| | 公益法人等 | 5 |
| | 人格のない社団等 | 4 |
| | 協同組合等 | 2 |
| | 普通法人 | 1,6 |

**011**

| | | | | | | | | | |
|---|---|---|---|---|---|---|---|---|---|
| ア | 公共法人 | イ | 公益法人等 | ウ | 人格のない社団等 | エ | 協同組合等 | オ | 普通法人 |

**012**

| | | | | | | | |
|---|---|---|---|---|---|---|---|
| ア | 法人税 | イ | 人格のない社団等 | ウ | 収益事業 | エ | 国内源泉所得 |

**013**

| 法人 | 課税される | 課税されない | 課税される場合もある |
|---|---|---|---|
| 株式会社（普通法人） | ○ | | |
| 学校法人（公益法人等） | | | ○ |
| 農業協同組合（協同組合等） | ○ | | |
| ＰＴＡ（人格のない社団等） | | | ○ |
| 地方公共団体（公共法人） | | ○ | |

**014**

| | | | | | | | | | |
|---|---|---|---|---|---|---|---|---|---|
| ア | 財産 | イ | 定款等 | ウ | 変更し | エ | 定め | オ | 遅滞なく |
| カ | 定め | キ | 納税地 | | | | | | |

**015**

| | | | | | | | | | |
|---|---|---|---|---|---|---|---|---|---|
| ア | 本店 | イ | 事務所 | ウ | 遅滞なく | エ | 異動前 | オ | 所轄税務署長 |

**016**

| | | | | | | | | | |
|---|---|---|---|---|---|---|---|---|---|
| ア | 納税地 | イ | 青色 | ウ | 日の前日 | エ | 納税地 | オ | 日の翌日 |
| カ | 2月以内 | キ | 所轄税務署長 | | | | | | |

**017**

| 1 | 2 | 3 | 4 | 5 |
|---|---|---|---|---|
| × | ○ | × | ○ | ○ |

**018**

| | | | | | | | |
|---|---|---|---|---|---|---|---|
| ア | 棚卸資産 | イ | 有価証券 | ウ | 固定資産 | エ | 減価償却資産 |

**019**

| | | | | | | | | | |
|---|---|---|---|---|---|---|---|---|---|
| ア | 損金経理 | イ | 費用 | ウ | 6 | エ | 事業年度 | オ | 2 |
| カ | 確定申告書 | キ | 2 | | | | | | |

**020**

| | | | | | | | | | |
|---|---|---|---|---|---|---|---|---|---|
| ア | 所得 | イ | 益金 | ウ | 損金 | エ | 資本金等 | オ | 利益 |

**021**

| | | | | | | | |
|---|---|---|---|---|---|---|---|
| ア | 所得 | イ | 販売 | ウ | 無償 | エ | 資本等 |

**022**

| 1 | 2 | 3 | 4 | 5 | 6 | 7 | 8 |
|---|---|---|---|---|---|---|---|
| × | ○ | ○ | × | ○ | × | × | ○ |

[illegible]

| | | | | | |
|---|---|---|---|---|---|
| ア | 売上原価 | イ | 販売費 | ウ | 資本等 |

**024**

| 1 | 2 | 3 | 4 | 5 | 6 | 7 | 8 |
|---|---|---|---|---|---|---|---|
| ○ | × | × | × | × | ○ | ○ | × |

**025**

| 1 | 2 | 3 | 4 | 5 | 6 |
|---|---|---|---|---|---|
| × | ○ | ○ | × | × | ○ |

**026**

| 区分 | 解答欄 | |
|---|---|---|
| 益金の額 | 2 | 6 |
| 損金の額 | 4 | 5 |
| 資本等取引 | 1 | 3 |

**027**

| | | | | | | | |
|---|---|---|---|---|---|---|---|
| ア | 株主等 | イ | 資本金等の額 | ウ | 収益の額 | エ | 公正妥当 |
| オ | 確定した決算 | カ | 費用又は損失 | | | | |

**028**

| | | | | | |
|---|---|---|---|---|---|
| ア | 所得の金額 | イ | 損金不算入 | ウ | 益金不算入 |

**029**

| 1 | 2 | 3 | 4 | 5 |
|---|---|---|---|---|
| × | × | ○ | × | ○ |

**030**

| | | | | | | | | | |
|---|---|---|---|---|---|---|---|---|---|
| a | 5 | b | 3 | c | 4 | d | 2 | e | 1 |

**031**

57,264,000円 ＋（1,903,000円 ＋ 48,108,000円）－（3,820,000円 ＋ 2,655,000円）

＝ 100,800,000円

**032**

1．課税所得金額

34,928,000円 ＋（5,017,000円 ＋ 4,993,000円）－（2,430,000円

＋ 27,508,000円）＝ 15,000,000円

2．納付すべき法人税額

15,000,000円 × 23.2% ＝ 3,480,000円

**033**

1．課税所得金額

40,285,000円 ＋（2,870,000円 ＋ 16,582,000円）－（5,134,000円

＋ 24,603,000円）＝ 30,000,000円

2．当期法人税額

30,000,000円 × 23.2% ＝ 6,960,000円

3．納付すべき法人税額

6,960,000円 － 5,000,000円 ＝ 1,960,000円

**034**

| | | | | | |
|---|---|---|---|---|---|
| 1 | b | 2 | b | 3 | a |

**035**

| 1 | 2 | 3 | 4 |
|---|---|---|---|
| × | ○ | ○ | × |

**036**

| | | | |
|---|---|---|---|
| 益金となるもの | 2 | 3 | 6 |
| 益金とならないもの | 1 | 4 | 5 |

**037**

| 1 | 2 | 3 | 4 |
|---|---|---|---|
| × | × | ○ | ○ |

**038**

| | 借方科目 | 金額 | 貸方科目 | 金額 |
|---|---|---|---|---|
| 1 | 現金 | 159,160 | 受取配当金 | 159,160 |
| 2 | 現金<br>租税公課 | 397,900<br>102,100 | 受取配当金 | 500,000 |

**039**

益金不算入額　（1,600,000円 － 64,000円）＋ 280,000円 × 20%

＝ 1,592,000円

（注）A株式会社からの配当には，源泉所得税は課されない。

**040**

益金不算入額　（840,000円 － 33,600円）＋ 540,000円 × 20%

＝ 914,400円

（注）A株式会社からの配当には，源泉所得税は課されない。

**041**

1．配当等の額

① 関連法人株式等　900,000円

② その他の株式　200,000円

③ 特定株式投資信託　300,000円

2．益金不算入額　（900,000円 − 36,000円）＋ 200,000円 × 50%

＋ 300,000円 × 20% ＝ 1,024,000円

（注）A株式にかかる配当には，源泉所得税は課されない。

**042**

(1) 控除負債利子　7,200円

(2) 益金不算入額　（180,000円 − 7,200円）＋ 100,000円 × 20%

＝ 192,800円

（注）A株式にかかる配当には，源泉所得税は課されない。

**043**

1．受取配当等の額

① 関連法人株式等　850,000円

② その他の株式（完全子法人株式等、関連法人株式等及び非支配目的株式等以外の株式等）

630,000円

③ 特定株式投資信託　300,000円

2．控除負債利子　34,000円

3．益金不算入額　（850,000円 − 34,000円）＋ 630,000円 × 50%

＋ 300,000円 × 20% ＝ 1,191,000円

（注）A株式にかかる配当には，源泉所得税は課されない。

**044**

| | | | | | |
|---|---|---|---|---|---|
| ア | 1　月　以　内 | イ | 2　月　以　内 | ウ | 益　　金 |

**045**

| | | | | | | | |
|---|---|---|---|---|---|---|---|
| ア | 半　製　品 | イ | 棚　　卸 | ウ | 日　の　前　日 | エ | 所轄税務署長 |
| オ | 変更承認申請書 | カ | 申告書の提出期限 | キ | 評　価　の　方　法 | ク | 最終仕入原価法 |

**046**

| 1 | 2 | 3 |
|---|---|---|
| × | × | ○ |



**047**

1．先入先出法

（100円 × 50個 − 100円 × 10個）＋ 104円 × 20個 ＋ 102円

× 30個 −（100円 × 40個 ＋ 104円 × 10個）＝ 4,100円

2．最終仕入原価法

102円 × 40個 ＝ 4,080円

**048**

5,000,000円 ＋ 20,000円 ＋ 15,000円 ＝ 5,035,000円

**049**

| | | | | | | | |
|---|---|---|---|---|---|---|---|
| A商品 | ○ | B商品 | ○ | C商品 | ○ | D商品 | × |
| E商品 | × | F商品 | ○ | G商品 | ○ | H商品 | × |

**050**

1．A 商 品

(1) 会 社 計 上 額　1,500,000円

(2) 評価損の計上ができる限度額　2,650,000円 − 1,290,000円 ＝ 1,360,000円

(3) 評価損否認額　1,500,000円 − 1,360,000円 ＝ 140,000円

2．B 商 品

(1) 会 社 計 上 額　2,580,000円

(2) 評価損の計上ができる限度額　0 円

(3) 評価損否認額　2,580,000円 − 0 円 ＝ 2,580,000円

3．C 商 品

(1) 会 社 計 上 額　2,100,000円

(2) 評価損の計上ができる限度額　3,407,000円 − 1,390,000円 ＝ 2,017,000円

(3) 評価損否認額　2,100,000円 − 2,017,000円 ＝ 83,000円

4．評価損否認額の合計　140,000円 ＋ 2,580,000円 ＋ 83,000円

＝ 2,803,000円

**051**

| 区　分 | 計　算　過　程 | 損金算入額 |
|---|---|---|
| A　商　品 | 2,765,000円−1,862,000円 | 903,000円 |
| B　商　品 | 7,500,000円−3,290,000円 | 4,210,000円 |
| C　商　品 | 21,863,000円−19,150,000円 | 2,713,000円 |
| D　商　品 | 評価損の計上はできない | ——　円 |
| E　商　品 | 評価損の計上はできない | ——　円 |
| F　商　品 | 6,419,000円−5,947,000円 | 472,000円 |
| G　商　品 | 9,680,000円−8,875,000円 | 805,000円 |
| H　商　品 | 評価損の計上はできない | ——　円 |
| 合　　計 | （A商品～H商品までの損金算入額の合計額） | 9,103,000円 |

**052**

| | | | | | | | |
|---|---|---|---|---|---|---|---|
| ア | 売買目的有価証券 | イ | 売買目的有価証券 | ウ | 銘　柄 | エ | 譲渡原価の額 |
| オ | 数 | カ | 移動平均法 | キ | 移動平均法 | | |

**053**

| 1 | 2 | 3 | 4 | 5 | 6 | 7 | 8 | 9 | 10 |
|---|---|---|---|---|---|---|---|---|---|
| × | ○ | ○ | × | × | ○ | × | ○ | × | × |

**054**

| | | | | | | | | | |
|---|---|---|---|---|---|---|---|---|---|
| ア | 減価償却資産 | イ | 建　物 | ウ | 船　舶 | エ | 器　具 | オ | 償　却 |
| カ | 土　地 | キ | 電話加入権 | ク | 日の前日 | ケ | 納税地 | コ | 承　認 |

**055**

| 1 | 2 | 3 | 4 | 5 |
|---|---|---|---|---|
| × | ○ | ○ | ○ | × |

**056**

1．建物（店舗）　14,000,000円 × 0.046 × $\frac{3}{12}$ ＝ 161,000円

2．車　両　3,500,000円 × 0.333 × $\frac{9}{12}$ ＝ 874,125円

3．備　品　700,000円 × 0.200 × $\frac{3}{12}$ ＝ 35,000円

**057**

1．建　物　12,000,000円 × 0.046 ＝ 552,000円

2．機械及び装置　2,208,298円 × 0.100 ＝ 220,829円

3．車両運搬具　1,778,000円 × 0.333 ＝ 592,074円

4．器具及び備品　900,000円 × 0.286 × $\frac{2}{12}$ ＝ 42,900円

**058**

1．器具備品A　1,000,000円 × 0.133 × $\frac{3}{12}$ ＝ 33,250円

2．器具備品B　95,000円 ＜ 100,000円 ＝ 95,000円

**059**

1．建　物　10,000,000円 × 0.9 × 0.046 ＝ 414,000円

2．車両運搬具　（2,150,000円 ＋ 100,000円）× 0.250 ＝ 562,500円

**060**

1．建　物　8,000,000円 × 0.050 ＝ 400,000円

2．機械装置　3,180,000円 × 0.250 ＝ 795,000円

**061**

1．当期償却限度額

（6,550,000円 ＋ 120,000円）× 0.333 ＝ 2,221,110円

2．当期償却不足額

2,221,110円 − 2,182,830円 ＝ 38,280円

3．繰越償却超過額の当期認容額

120,000円 ＞ 38,280円　∴ 低い方の金額　38,280円

**062**

1．建物（本社）

45,000,000円 × 0.9 × 0.034 ＝ 1,377,000円

2．建物（工場）

36,000,000円 × 0.042 × $\frac{8}{12}$ ＝ 1,008,000円

3．機械装置

6,000,000円 × 0.250 ＝ 1,500,000円

4．車両運搬具

（2,800,000円 ＋ 117,250円）× 0.333 ＝ 971,444円

5．器具備品

900,000円 × 0.400 × $\frac{10}{12}$ ＝ 300,000円

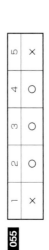

**063** 1．建　物

① 会社計上償却費　2,300,000円

② 償却限度額　50,000,000円 × 0.9 × 0.046 ＝ 2,070,000円

③ 減価償却超過額　①－②＝ 230,000円

2．車　両

① 会社計上償却費　415,000円

② 償却限度額　1,200,000円 × 0.333 ＝ 399,600円

③ 減価償却超過額　①－②＝ 15,400円

3．備品Ａ

① 会社計上償却費　650,000円

② 償却限度額　2,275,000円 × 0.250 ＝ 568,750円

③ 減価償却超過額　①－②＝ 81,250円

4．備品Ｂ

① 会社計上償却費　400,000円

② 償却限度額　（1,150,000円 ＋ 150,000円）× 0.400 ＝ 520,000円

③ 認容額　｛②－①＝ 120,000円｝＜ 150,000円　∴ 120,000円

**064** 1．建　物

① 会社計上償却費　1,200,000円

② 償却限度額　25,000,000円 × 0.9 × 0.046 ＝ 1,035,000円

③ 減価償却超過額　①－②＝ 165,000円

2．車　両

① 会社計上償却費　150,000円

② 償却限度額　（350,000円 ＋ 150,000円 ＋ 34,135円）× 0.333
＝ 177,866円

③ 認容額　｛②－①＝ 27,866円｝＜ 34,135円　∴ 27,866円

3．備　品

① 会社計上償却費　75,000円

② 償却限度額　750,000円 × 0.400 × $\frac{2}{12}$ ＝ 50,000円

③ 減価償却超過額　①－②＝ 25,000円



**065** 1．減価償却限度額

① 特別償却限度額　2,100,000円 × 30％ ＝ 630,000円

② 普通償却限度額　2,100,000円 × 0.200 × $\frac{8}{12}$ ＝ 280,000円

③ 合計　①＋②＝ 910,000円

2．減価償却超過額　1,200,000円 － 910,000円 ＝ 290,000円

**066** 1．建　物

① 会社計上償却費　510,000円

② 償却限度額　18,500,000円 × 0.9 × 0.034 ＝ 566,100円

③ 認容額　②－①＝ 56,100円 ｛ ＞ <⃝ ｝ 390,000円

いずれかを○で囲む　∴ 56,100円

2．備　品

① 会社計上償却費　700,000円

② 償却限度額　（2,700,000円 ＋ 15,000円）× 0.250 ＝ 678,750円

③ 償却超過額　①－②＝ 21,250円

3．機　械

① 会社計上償却費　60,000円 ＋ 540,000円 ＝ 600,000円

② 償却限度額

a．従前部分　（650,000円 ＋ 54,896円）× 0.127 ＝ 89,521円

b．資本的支出部分　540,000円 × 0.118 × $\frac{10}{12}$ ＝ 53,100円

c．合計　89,521円 ＋ 53,100円 ＝ 142,621円

③ 償却超過額　①－②＝ 457,379円

4．車　両

① 会社計上償却費　300,000円

② 償却限度額　1,800,000円 × 0.400 × $\frac{4}{12}$ ＝ 240,000円

③ 償却超過額　①－②＝ 60,000円

**067**

| イ | ロ | ハ | ニ | ホ | ヘ | ト | チ |
|---|---|---|---|---|---|---|---|
| ○ | × | × | ○ | ○ | × | ○ | × |

**068** (1) 償却限度額

$720,000円 \times \dfrac{4月}{5年 \times 12月} = 48,000円$

(2) 償却超過額

$60,000円 - 48,000円 = 12,000円$

**069**

| | | | | | | | | | |
|---|---|---|---|---|---|---|---|---|---|
| ア | 評価換え | イ | 益金不算入 | ウ | 評価換え | エ | 損金不算入 | オ | 棚卸資産 |
| カ | 固定資産 | キ | 損金経理 | | | | | | |

**070**

| 1 | 2 |
|---|---|
| × | ○ |

**071** $5,720,000円 - 1,200,000円 + 570,000円 = 5,090,000円$

**072**

| | | | | | | | | | |
|---|---|---|---|---|---|---|---|---|---|
| ア | 取締役 | イ | 清算人 | ウ | 経営 | エ | 社長 | オ | 職制上の |
| カ | 常時 | キ | 損金 | ク | 不相当に高額 | ケ | 損金 | | |

**073**

| 1 | 2 | 3 | 4 | 5 | 6 | 7 | 8 | 9 | 10 |
|---|---|---|---|---|---|---|---|---|---|
| ○ | × | × | ○ | ○ | × | ○ | ○ | × | ○ |

**074**

| 区 | 分 | | 解答欄 |
|---|---|---|---|
| 給料・賞与 | 特殊関係使用人 | 相当部分 | ○ |
| | | 過大部分 | × |
| | 上記以外の使用人 | 相当部分 | ○ |
| | | 過大部分 | ○ |
| 退職給与 | 特殊関係使用人 | 相当部分 | ○ |
| | | 過大部分 | × |
| | 上記以外の使用人 | 相当部分 | ○ |
| | | 過大部分 | ○ |

**075**

| 1 | 2 | 3 |
|---|---|---|
| ○ | × | × |

**076** $9,830,000円 + 4,200,000円 = 14,030,000円$



**077** $50,000,000円 - 48,000,000円 = 2,000,000円$

**078** $10,000,000円 - 8,000,000円 = 2,000,000円$

**079**

| 1 | 2 | 3 | 4 |
|---|---|---|---|
| × | ○ | × | ○ |

**080**

1．寄附金支出前所得金額

$13,240,000円 + 760,000円 = 14,000,000円$

2．資本等基準額

$100,000,000円 \times \dfrac{12}{12} \times \dfrac{2.5}{1,000} = 250,000円$

3．所得基準額

$14,000,000円 \times \dfrac{2.5}{100} = 350,000円$

4．損金算入限度額

$(250,000円 + 350,000円) \times \dfrac{1}{4} = 150,000円$

5．損金不算入額

$760,000円 - 150,000円 = 610,000円$

**081**

1．寄附金支出前所得金額

$68,620,000円 + 1,550,000円 = 70,170,000円$

2．資本等基準額

$75,000,000円 \times \dfrac{12}{12} \times \dfrac{2.5}{1,000} = 187,500円$

3．所得基準額

$70,170,000円 \times \dfrac{2.5}{100} = 1,754,250円$

4．損金算入限度額

$(187,500円 + 1,754,250円) \times \dfrac{1}{4} = 485,437円$

5．損金不算入額

$1,550,000円 - 485,437円 = 1,064,563円$

**082**

1．資本等基準

$3,000,000円 \times \dfrac{12}{12} \times \dfrac{2.5}{1,000} = 7,500円$

2．所得基準額

$(3,400,000円 + 400,000円) \times \dfrac{2.5}{100} = 95,000円$

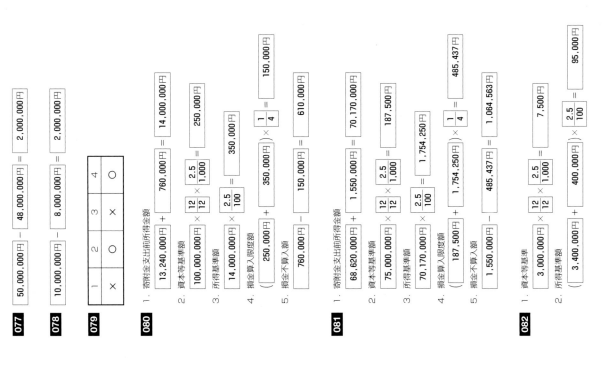

3．損金算入限度額

( 7,500円 ＋ 95,000円 ) × $\frac{1}{4}$ ＝ 25,625円

4．指定寄附金　150,000円

5．特定公益増進法人への寄附金

50,000円 ＜ 124,375円（限度額）　∴ 50,000円

6．損金不算入額

400,000円 － 150,000円 － 50,000円 － 25,625円

＝ 174,375円

**083**

(1) 支出寄附金の額

① 指定寄附金　1,200,000円

② 特定公益増進法人に対する寄附金　250,000円

③ その他の寄附金　100,000円 ＋ 170,000円 ＝ 270,000円

合計　1,720,000円

(2) 特定公益増進法人に対する寄附金限度額

① 資本基準額　60,000,000円 × $\frac{12}{12}$ × $\frac{3.75}{1,000}$ ＝ 225,000円

② 所得基準額　( 10,530,000円 ＋ 300,000円 － 170,000円

＋ 1,720,000円 ) × $\frac{6.25}{100}$ ＝ 773,750円

③ 限度額　(①＋②) × $\frac{1}{2}$ ＝ 499,375円

④ いずれか少ない金額　(1)② 250,000円 ＜ (2)③ 499,375円

∴ 250,000円

(3) 一般寄附金の損金算入限度額

① 資本基準額　60,000,000円 × $\frac{12}{12}$ × $\frac{2.5}{1,000}$ ＝ 150,000円

② 所得基準額　( 10,530,000円 ＋ 300,000円 － 170,000円

＋ 1,720,000円 ) × $\frac{2.5}{100}$ ＝ 309,500円

③ 損金算入限度額　(①＋②) × $\frac{1}{4}$ ＝ 114,875円

(4) 損金不算入額　1,720,000円 － 1,200,000円 － 250,000円

－ 114,875円 ＝ 155,125円



**084**

(1) 支払寄附金の額

① 指定寄附金　800,000円

② 特定公益増進法人に対する寄附金　700,000円

③ その他の寄附金　500,000円 ＋ 100,000円 ＋ 400,000円

＋ 200,000円 ＝ 1,200,000円

④ 合計　①＋②＋③＝ 2,700,000円

(2) 特定公益増進法人に対する寄附金限度額

① 資本基準額　70,000,000円 × $\frac{12}{12}$ × $\frac{3.75}{1,000}$ ＝ 262,500円

② 所得基準額　( 15,000,000円 ＋ 1,000,000円 ＋ 300,000円

－ 200,000円 ＋ 2,700,000円 ) × $\frac{6.25}{100}$ ＝ 1,175,000円

③ 限度額　(①＋②) × $\frac{1}{2}$ ＝ 718,750円

④ いずれか少ない金額　(1)② 700,000円 ＜ (2)③ 718,750円

∴ 700,000円

(3) 一般寄附金の損金算入限度額

① 資本基準額　70,000,000円 × $\frac{12}{12}$ × $\frac{2.5}{1,000}$ ＝ 175,000円

② 所得基準額　( 15,000,000円 ＋ 1,000,000円 ＋ 300,000円

－ 200,000円 ＋ 2,700,000円 ) × $\frac{2.5}{100}$ ＝ 470,000円

③ 損金算入限度額　(①＋②) × $\frac{1}{4}$ ＝ 161,250円

(4) 損金不算入額　2,700,000円 － 800,000円 － 700,000円

－ 161,250円 ＝ 1,038,750円

**085**

| 損金となるもの | 2 | 4 | 6 | 7 | 8 | 10 |
|---|---|---|---|---|---|---|
| 損金とならないもの | 1 | 3 | 5 | 9 | 11 | |

**086**

| 1 | 2 | 3 |
|---|---|---|
| ○ | × | × |

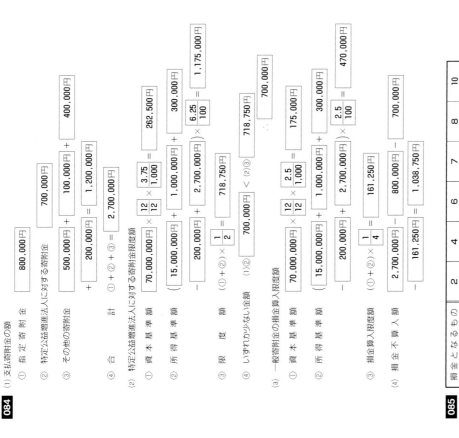

| | 借方科目 | 金額 | 貸方科目 | 金額 |
|---|---|---|---|---|
| 1 | 仮払法人税 | 4,000,000 | 当座預金 | 4,000,000 |
| 2 | 法人税 | 8,250,000 | 仮払法人税<br>未払法人税 | 4,000,000<br>4,250,000 |

**088**

| | 借方科目 | 金額 | 貸方科目 | 金額 |
|---|---|---|---|---|
| 1 | 仮払法人税等 | 3,720,000 | 当座預金 | 3,720,000 |
| 2 | 法人税等 | 7,500,000 | 仮払法人税等<br>未払法人税等 | 3,720,000<br>3,780,000 |
| 3 | 未払法人税等<br>租税公課 | 3,780,000<br>380,000 | 当座預金 | 4,160,000 |

**089**

| ア | 接待費 | イ | 機密費 | ウ | 供応 | エ | 慰安 | オ | 贈答 |
|---|---|---|---|---|---|---|---|---|---|

**090**

| 1 | 2 | 3 |
|---|---|---|
| × | ○ | × |

**091**

1．支出交際費等

3,500,000円 ＋ 7,200,000円 ＋ 8,600,000円 ＝ 19,300,000円

2．損金算入限度額

① 8,000,000円 × 12/12 （≧を○）/ < （12,300,000円 × 0.5 ＝ 6,150,000円）

（いずれかに○）　∴ 8,000,000円

② 19,300,000円 ＞ 8,000,000円　∴ 8,000,000円

3．損金不算入額

19,300,000円 － 8,000,000円 ＝ 11,300,000円

**092**

1．支出交際費等

5,300,000円 ＋ 1,800,000円 ＋ 18,400,000円 ＝ 25,500,000円

2．損金算入限度額

① 8,000,000円 × 12/12 ≧ / （<を○） （16,400,000円 × 0.5 ＝ 8,200,000円）

（いずれかに○）　∴ 8,200,000円



② 25,500,000円 ＞ 8,200,000円　∴ 8,200,000円

3．損金不算入額

25,500,000円 － 8,200,000円 ＝ 17,300,000円

**093**

1．支出交際費等の額　4,850,000円

2．定額控除限度額　8,000,000円 × 12月/12 ＝ 8,000,000円

3．損金算入限度額

4,850,000円 ＞ / （<を○） 8,000,000円　∴ 4,850,000円

いずれかを○で囲む

4．損金不算入額

4,850,000円 － 4,850,000円 ＝ 0 円

**094**

1．支出交際費等

1,720,000円 ＋ 6,390,000円 ＋ 15,250,000円 ＝ 23,360,000円

2．損金算入限度額

23,360,000円 （＞を○） / < （19,640,000円 × 0.5 ＝ 9,820,000円）

いずれかを○で囲む　∴ 9,820,000円

3．損金不算入額　23,360,000円 － 9,820,000円 ＝ 13,540,000円

**095**

1．支出交際費等の額

856,000円 ＋ 1,124,000円 ＋ 1,311,000円 ＋ 485,000円

＋ 350,000円 ＝ 4,126,000円

2．定額控除限度額

8,000,000円 × 12月/12 ＝ 8,000,000円 （≧を○） / < 1,311,000円 × 0.5

＝ 655,500円　∴ 8,000,000円　（いずれかに○）

3．損金算入限度額

4,126,000円 ＞ / （<を○） 8,000,000円　∴ 4,126,000円

（いずれかに○）

4．損金不算入額

4,126,000円 － 4,126,000円 ＝ 0 円

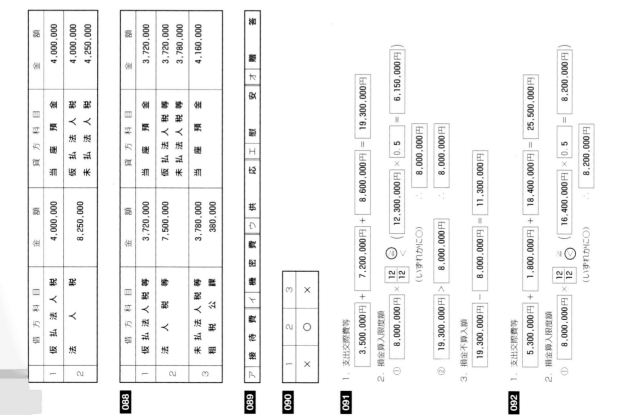

**096**

| | 借方科目 | 金額 | 貸方科目 | 金額 |
|---|---|---|---|---|
| 1 | 当座預金 | 50,000,000 | 国庫補助金受入益 | 50,000,000 |
| 2 | 土地 | 70,000,000 | 当座預金 | 70,000,000 |
| 3 | 土地圧縮損 | 50,000,000 | 土地 | 50,000,000 |

**097**

| | 借方科目 | 金額 | 貸方科目 | 金額 |
|---|---|---|---|---|
| 1 | 減価償却累計額<br>火災未決済 | 450,000<br>9,550,000 | 建物 | 10,000,000 |
| 2 | 当座預金 | 15,000,000 | 火災未決算<br>保険差益 | 9,550,000<br>5,450,000 |
| 3 | 建物 | 15,000,000 | 当座預金 | 15,000,000 |
| 4 | 建物圧縮損 | 5,450,000 | 建物 | 5,450,000 |

**098**

| | 借方科目 | 金額 | 貸方科目 | 金額 |
|---|---|---|---|---|
| 1 | 土地 | 10,000,000 | 土地<br>当座預金<br>土地交換差益 | 5,000,000<br>1,000,000<br>4,000,000 |
| 2 | 土地圧縮損 | 4,000,000 | 土地 | 4,000,000 |

**099**

1．圧縮限度額

5,000,000円 { > / (<) } 8,000,000円 ∴ 5,000,000円

いずれかを○で囲む

2．圧縮超過額

7,300,000円 − 5,000,000円 ＝ 2,300,000円

**100**

1．圧縮限度額

24,000,000円 ＜ 64,000,000円 ∴ 24,000,000円

2．圧縮超過額

30,000,000円 − 24,000,000円 ＝ 6,000,000円

3．償却限度額

( 64,000,000円 − 24,000,000円 ) × 0.042 × $\frac{10}{12}$ ＝ 1,400,000円

4．償却超過額

( 1,800,000円 ＋ 6,000,000円 ) − 1,400,000円 ＝ 6,400,000円



**101**

1．滅失等により支出した経費の額

950,000円 ＋ 830,000円 ＋ 620,000円 ＝ 2,400,000円

2．改訂保険金等の額

32,400,000円 − 2,400,000円 ＝ 30,000,000円

3．保険差益の額

30,000,000円 − 12,000,000円 ＝ 18,000,000円

4．圧縮限度額

18,000,000円 × $\frac{25,000,000円}{30,000,000円}$ ＝ 15,000,000円

5．減価償却限度額

( 25,000,000円 − 15,000,000円 ) × 0.034 × $\frac{8}{12}$ ＝ 226,666円

**102**

1．滅失等により支出した経費の額

740,000円 ＋ 1,660,000円 ＝ 2,400,000円

2．改訂保険金等の額

33,000,000円 − 2,400,000円 ＝ 30,600,000円

3．保険差益の額

30,600,000円 − 10,200,000円 ＝ 20,400,000円

4．圧縮限度額

20,400,000円 × $\frac{27,000,000円}{30,600,000円}$ ＝ 18,000,000円

5．圧縮超過額

19,500,000円 − 18,000,000円 ＝ 1,500,000円

6．償却限度額

( 27,000,000円 − 18,000,000円 ) × 0.042 × $\frac{4}{12}$ ＝ 126,000円

7．償却超過額

( 150,000円 ＋ 1,500,000円 ) − 126,000円 ＝ 1,524,000円

**103** 1．交　換

(1) 適用可否の判定

① 28,000,000円 − 23,520,000円 ＝ 4,480,000円

② 28,000,000円 × 20％ ＝ 5,600,000円

③ 判　定　① { ＞ ／ (≦) } ②　∴ 適用あり

いずれかを○で囲む

(2) 圧縮限度額

23,520,000円 −（20,000,000円 ＋ 1,000,000円）

$\times \dfrac{23{,}520{,}000円}{23{,}520{,}000円 + 4{,}480{,}000円}$ ＝ 5,880,000円

(3) 圧縮超過額　6,000,000円 − 5,880,000円 ＝ 120,000円

2．減価償却

(1) 減価償却限度額

（23,520,000円 − 5,880,000円）× 0.042 × $\dfrac{7}{12}$ ＝ 432,180円

(2) 減価償却超過額

（500,000円 ＋ 120,000円）− 432,180円 ＝ 187,820円

**104**

| 1 | 2 | 3 | 4 | 5 |
|---|---|---|---|---|
| ○ | × | × | ○ | ○ |

**105** 税務上の処理　**貸倒損失認定損の計上**

金　　額　700,000円 ＋ 1,000,000円 ＝ 1,700,000円

**106**

| 1 | 2 | 3 | 4 | 5 | 6 | 7 | 8 | 9 | 10 |
|---|---|---|---|---|---|---|---|---|---|
| × | ○ | × | × | × | ○ | × | ○ | × | ○ |



**107** 1．期末一括評価金銭債権額　68,000,000円

2．実質的に債権とみられないものの額　4,700,000円

3．差引期末一括評価金銭債権額　63,300,000円

4．繰入限度額

63,300,000円 × $\dfrac{10}{1{,}000}$ ＝ 633,000円

5．限度超過額

820,000円 − 633,000円 ＝ 187,000円

**108** 1．期末一括評価金銭債権額

15,000,000円 ＋ 3,000,000円 ＋ 27,000,000円 ＝ 45,000,000円

2．実質的に債権とみられないものの額　2,800,000円

3．差引期末一括評価金銭債権

45,000,000円 − 2,800,000円 ＝ 42,200,000円

4．繰入限度額

42,200,000円 × $\dfrac{8}{1{,}000}$ ＝ 337,600円

5．限度超過額

600,000円 − 337,600円 ＝ 262,400円

**109** 1．期末一括評価金銭債権の額

31,280,000円 ＋ 76,530,000円 ＋ 45,500,000円 ＋ 2,500,000円

＝ 155,810,000円

2．実質的に債権とみられないものの額　3,800,000円

3．差引期末一括評価金銭債権の額

155,810,000円 − 3,800,000円 ＝ 152,010,000円

4．当期繰入限度額

152,010,000円 × $\dfrac{10}{1{,}000}$ ＝ 1,520,100円

5．繰入限度超過額

2,000,000円 − 1,520,100円 ＝ 479,900円

**110**

1．繰入限度額

(1) 期末一括評価金銭債権の額

45,235,000円 ＋ 63,000,000円 ＋ 52,718,000円 ＋ 5,000,000円

＋ 30,000円 ＝ 165,983,000円

2．実質的に債権とみられないものの額　2,500,000円

3．差引期末一括評価金銭債権の額

165,983,000円 － 2,500,000円 ＝ 163,483,000円

4．繰入限度額

163,483,000円 × $\frac{8}{1,000}$ ＝ 1,307,864円

5．繰入限度超過額

1,600,000円 － 1,307,864円 ＝ 292,136円

**111**

1．期末一括評価金銭債権額

26,000,000円 ＋ 38,000,000円 ＋ 1,000,000円 ＝ 65,000,000円

2．実質的に債権とみられないものの額

① L株式会社　5,000,000円 ＞ 2,000,000円　∴ 2,000,000円

② M株式会社　400,000円 ＜ 3,000,000円　∴ 400,000円

③ 合　計　2,000,000円 ＋ 400,000円 ＝ 2,400,000円

3．差引期末一括評価金銭債権額

65,000,000円 － 2,400,000円 ＝ 62,600,000円

4．繰入限度額

62,600,000円 × $\frac{10}{1,000}$ ＝ 626,000円

5．限度超過額

830,000円 － 626,000円 ＝ 204,000円



**112**

1．個別評価金銭債権

(1) 繰入限度額　5,200,000円 × $\frac{50}{100}$ ＝ 2,600,000円

2．一括評価金銭債権

(1) 期末一括評価金銭債権の額

25,600,000円 ＋ 16,400,000円 ＋（36,700,000円 － 5,200,000円）

＋ 3,600,000円 ＋ 90,000円 ＝ 77,190,000円

(2) 実質的に債権とみられないものの額

① 原　則　法

A．債権の額　1,850,000円 ＋ 3,600,000円 ＝ 5,450,000円

B．債務の額　4,700,000円

C．判　　定　AとBのうちいずれか {多い・(少ない)} 額　∴ 4,700,000円

いずれかを○で囲む

② 簡　便　法　77,190,000円 × 0.063 ＝ 4,862,970円

③ 判　　定　①と②のうちいずれか {多い・(少ない)} 額　∴ 4,700,000円

いずれかを○で囲む

(3) 実績繰入率

$$\frac{(950,000円 + 1,100,000円 + 1,290,000円) \times \frac{12}{36}}{(91,000,000円 + 97,000,000円 + 105,000,000円) \div 3} = 0.01139\cdots \rightarrow 0.0114$$

小数点以下4位未満切り　上げ

(4) 法定繰入率　0.010

(5) 繰入限度額

① 実績繰入率による繰入限度

77,190,000円 × 0.0114 ＝ 879,966円

② 法定繰入率による繰入限度額

（77,190,000円 － 4,700,000円）× 0.010 ＝ 724,900円

③ 繰入限度額

①と②のうちいずれか {(多い)・少ない} 額　∴ 879,966円

いずれかを○で囲む

(1) 期末評価金銭債権の額

( 63,775,000円 + 2,800,000円 + 8,250,000円 ) + ( 35,539,000円

− 1,500,000円 ) + 18,010,000円 + 900,000円 + 411,000円

= 128,185,000円

(2) 実質的に債権とみられないものの額

① 原 則 法

A．債権の額　3,400,000円 + 56,000円 = 3,456,000円

B．債務の額　2,223,000円 + 1,200,000円 = 3,423,000円

C．判　定　A (>) < B　∴ 3,423,000円

いずれかを○で囲む

② 簡 便 法　128,185,000円 × 0.026 (小数点以下 3 位未満切り 捨て)

= 3,332,810円

③ 判　定　① (>) < ②　∴ 3,332,810円

いずれかを○で囲む

(3) 実績繰入率

$$\frac{(1{,}308{,}000円 + 645{,}000円 + 1{,}849{,}000円) \times \frac{12}{36}}{(126{,}928{,}000円 + 131{,}505{,}000円 + 129{,}130{,}000円) \div 3}$$

= 0.0099 (小数点以下 4 位未満切り 上げ)

(4) 法定繰入率　0.010

(5) 繰入限度額

① 実績繰入率による繰入限度

128,185,000円 × 0.0099 = 1,269,031円

② 法定繰入率による繰入限度額

( 128,185,000円 − 3,332,810円 ) × 0.010 = 1,248,521円

③ 判　定　① (>) < ②　∴ 1,269,031円

いずれかを○で囲む

**114**

| ア | 損　金 | イ | 翌事業年度 | ウ | 益　金 |
|---|---|---|---|---|---|



**115**

(1)

| ア | 10　年 | イ | 開　始 | ウ | 損金の額 | エ | 開　始 | オ | 9　年 |
|---|---|---|---|---|---|---|---|---|---|
| カ | 青色申告書 | キ | 連　続 | | | | | | |

(2)

| ア | 1億円以下 | イ | 還付制度 |
|---|---|---|---|

**116**

1．年800万円以下の所得金額に対する税額

8,000,000円 × $\frac{12}{12}$ × 15% = 1,200,000円

2．年800万円を超える所得金額に対する税額

( 10,500,000円 − 8,000,000円 × $\frac{12}{12}$ ) × 23.2% = 580,000円

3．納付すべき税額

1,200,000円 + 580,000円 = 1,780,000円

**117**

1．課税所得金額

17,200,000円 + ( 15,650,000円 + 700,000円 ) − 850,000円

= 32,700,000円

1．年800万円以下の所得金額に対する税額

8,000,000円 × $\frac{12}{12}$ × 15% = 1,200,000円

2．年800万円を超える所得金額に対する税額

( 32,700,000円 − 8,000,000円 × $\frac{12}{12}$ ) × 23.2% = 5,730,400円

3．納付すべき税額

( 1,200,000円 + 5,730,400円 ) − 5,000,000円 = 1,930,400円

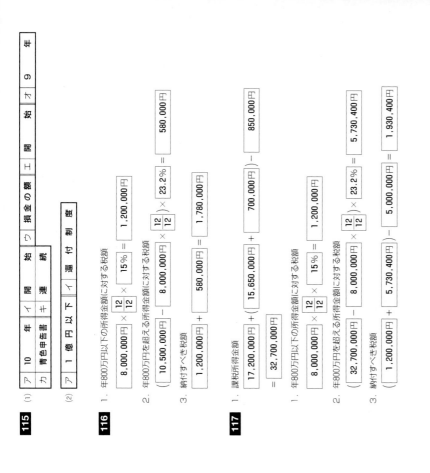

**118**

I　所得金額の計算

| | 摘要 | 金額 |
|---|---|---|
| | 当期利益 | 9,257,850円 |
| 加算 | 損金の額に算入した中間納付の法人税額 | 2,500,000 |
| | 損金の額に算入した中間納付の県民税及び市民税額 | 770,000 |
| | 損金の額に算入した納税充当金 | 3,860,000 |
| | 交際費等の損金不算入額 | 956,150 |
| | 小計 | 8,086,150 |
| 減算 | 納税充当金から支出した前期分事業税額 | 850,000 |
| | 前期減価償却超過額の当期認容額 | 680,000 |
| | 小計 | 1,530,000 |
| | 仮計 | 15,814,000 |
| | 法人税額から控除された所得税額 | 336,000 |
| | 合計 | 16,150,000 |
| | 所得金額 | 16,150,000 |

II　納付すべき法人税額の計算

| 摘要 | 金額 | 計算過程 |
|---|---|---|
| 所得金額 | 16,150,000円 | 1,000円未満の端数切り捨て |
| 法人税額 | 3,090,800 | (1) 年800万円以下の所得金額に対する税額<br>8,000,000円 × $\frac{12}{12}$ × 15%<br>= 1,200,000円<br>(2) 年800万円を超える所得金額に対する税額<br>(16,150,000円 − 8,000,000円 × $\frac{12}{12}$)<br>× 23.2% = 1,890,800円<br>(3) 税額<br>(1) + (2) = 3,090,800円 |
| 差引法人税額 | 3,090,800 | |
| 法人税額計 | 3,090,800 | |
| 控除税額 | 336,000 | |
| 差引所得に対する法人税額 | 2,754,800 | 100円未満の端数切り捨て |
| 中間申告分の法人税額 | 2,500,000 | |
| 納付すべき法人税額 | 254,800 | |



**119**

I　所得金額の計算

| | 摘要 | 金額 |
|---|---|---|
| | 当期利益 | 21,845,000円 |
| 加算 | 損金の額に算入した中間納付の法人税額 | 7,298,000 |
| | 損金の額に算入した中間納付の県民税及び市民税額 | 1,425,000 |
| | 損金の額に算入した納税充当金 | 17,000,000 |
| | 小計 | 25,723,000 |
| 減算 | 納税充当金から支出した事業税額 | 1,064,000 |
| | 減価償却超過額当期認容額 | 420,000 |
| | 小計 | 1,484,000 |
| | 仮計 | 46,084,000 |
| | 寄附金の損金不算入額 | 230,600 |
| | 法人税額から控除される所得税額 | 916,000 |
| | 合計・総計・差引計 | 47,230,600 |
| | 所得金額 | 47,230,600 |

II　納付すべき法人税額の計算

| 摘要 | 金額 | 計算過程 |
|---|---|---|
| 所得金額 | 47,230,000円 | 1,000円未満の端数切り捨て |
| 法人税額 | 10,301,360 | (1) 年800万円以下の所得金額に対する税額<br>8,000,000円 × $\frac{12}{12}$ × 15%<br>= 1,200,000円<br>(2) 年800万円を超える所得金額に対する税額<br>(47,230,000円 − 8,000,000円 × $\frac{12}{12}$)<br>× 23.2% = 9,101,360円<br>(3) 税額計<br>(1) + (2) = 10,301,360円 |
| 差引法人税額 | 10,301,360 | |
| 法人税額計 | 10,301,360 | |
| 控除税額 | 916,000 | |
| 差引所得に対する法人税額 | 9,385,300 | 100円未満の端数切り捨て |
| 中間申告分の法人税額 | 7,298,000 | |
| 納付すべき法人税額 | 2,087,300 | |

**120** Ⅰ　所得金額の計算

| | 摘　　　要 | 金　　額 |
|---|---|---|
| | 当　期　利　益 | 35,702,578円 |
| 加算 | 損金の額に算入した中間納付の法人税額 | 13,000,000 |
| | 損金の額に算入した中間納付の県民税及び市民税額 | 7,000,000 |
| | 損金の額に算入した納税充当金 | 20,000,000 |
| | 備品減価償却超過額 | 313,483 |
| | 交際費等の損金不算入額 | 3,580,600 |
| | 小　　　計 | 43,894,083 |
| 減算 | 納税充当金から支出した前期分事業税額 | 9,530,000 |
| | 受取配当等の益金不算入額 | 836,300 |
| | 貸倒引当金繰入限度超過額の当期認容額 | 74,300 |
| | 小　　　計 | 10,440,600 |
| | 仮　　　計 | 69,156,061 |
| | 寄附金の損金不算入額 | 1,307,830 |
| | 法人税額から控除される所得税額 | 575,000 |
| | 合計・総計・差引計 | 71,038,891 |
| | 所　得　金　額 | 71,038,891 |

Ⅱ　納付すべき法人税額の計算

| 摘　　要 | 金　　額 | 計　算　過　程 |
|---|---|---|
| 所得金額 | 71,038,000円 | 1,000円未満の端数切り捨て |
| 法人税額 | 15,824,816 | (1) 年800万円以下の所得金額に対する税額<br>8,000,000円 × $\frac{12}{12}$ × 15%<br>= 1,200,000円<br>(2) 年800万円を超える所得金額に対する税額<br>(71,038,000円 − 8,000,000円 × $\frac{12}{12}$)<br>× 23.2% = 14,624,816円<br>(3) 税額計<br>(1) + (2) = 15,824,816円 |
| 差引法人税額 | 15,824,816 | |
| 法人税額計 | 15,824,816 | |
| 控除税額 | 575,000 | |
| 差引所得に対する法人税額 | 15,249,800 | 100円未満の端数切り捨て |
| 中間申告分の法人税額 | 13,000,000 | |
| 納付すべき法人税額 | 2,249,800 | |



**121** Ⅰ　所得金額の計算

| | 摘　　　要 | 金　　額 |
|---|---|---|
| | 当　期　利　益 | 46,518,274円 |
| 加算 | 損金の額に算入した中間納付の法人税額 | 15,000,000 |
| | 損金の額に算入した中間納付の県民税及び市民税額 | 8,000,000 |
| | 損金の額に算入した納税充当金 | 25,000,000 |
| | 車両減価償却超過額 | 202,362 |
| | 役員給与の損金不算入額 | 2,500,000 |
| | 小　　　計 | 50,702,362 |
| 減算 | 納税充当金から支出した前期分事業税額 | 10,240,000 |
| | 受取配当等の益金不算入額 | 673,800 |
| | 貸倒引当金繰入限度超過額の当期認容額 | 216,400 |
| | 小　　　計 | 11,130,200 |
| | 仮　　　計 | 86,090,436 |
| | 寄附金の損金不算入額 | 1,932,460 |
| | 法人税額から控除される所得税額 | 645,000 |
| | 合計・総計・差引計 | 88,667,896 |
| | 所　得　金　額 | 88,667,896 |

Ⅱ　納付すべき法人税額の計算

| 摘　　要 | 金　　額 | 計　算　過　程 |
|---|---|---|
| 所得金額 | 88,667,000円 | 1,000円未満の端数切り捨て |
| 法人税額 | 19,914,744 | (1) 年800万円以下の所得金額に対する税額<br>8,000,000円 × $\frac{12}{12}$ × 15%<br>= 1,200,000円<br>(2) 年800万円を超える所得金額に対する税額<br>(88,667,000円 − 8,000,000円 × $\frac{12}{12}$)<br>× 23.2% = 18,714,744円<br>(3) 税額計<br>(1) + (2) = 19,914,744円 |
| 差引法人税額 | 19,914,744 | |
| 法人税額計 | 19,914,744 | |
| 控除税額 | 645,000 | |
| 差引所得に対する法人税額 | 19,269,700 | 100円未満の端数切り捨て |
| 中間申告分の法人税額 | 15,000,000 | |
| 納付すべき法人税額 | 4,269,700 | |

**122**

| | | | | | | | | | |
|---|---|---|---|---|---|---|---|---|---|
| ア | 3　人 | イ | 特　殊 | ウ | 法　人 | エ | 100分の50 | オ | 1 |
| カ | 超 | キ | 1 | カ | 15 % | ケ | 加　算 | | |

**123**

1．町田株式会社

( 50,000株 ＋ 30,000株 ＋ 15,000株 ) ÷ 200,000株 ＝ 47.5% ≦ 50%

従って同族会社で ない 。

2．浦和株式会社

( 95,000株 ＋ 50,000株 ＋ 35,000株 ) ÷ 300,000株 ＝ 60% ＞ 50%

従って同族会社で ある 。

**124**

1．株主グループ別持株数（□内に加算する株式数を記入する。）

第１順位の株主グループ　15,000株＋4,300株　＝　19,300株

第２順位の株主グループ　10,000株＋1,500株　＝　11,500株

第３順位の株主グループ　　＝　8,500株

第４順位の株主グループ　5,700株＋1,200株　＝　6,900株

2．同族会社の判定

（第１順位）　（第２順位）　（第３順位）

19,300株 ＋ 11,500株 ＋ 8,500株 ＝ 39,300株

{ (＞) / ≦ } 70,000株 × 50/100 ＝ 35,000株

いずれかを○で囲む

∴ 同族会社に該当 { (する) / しない }

いずれかを○で囲む

3．留保金課税の適用法人の判定

（第 1 順位）

19,300株 { ＞ / (≦) } 70,000株 × 50/100 ＝ 35,000株

いずれかを○で囲む

∴ 留保金課税の適用 { あり / (なし) }

いずれかを○で囲む

**125**

| | | | | | | | | | |
|---|---|---|---|---|---|---|---|---|---|
| ア | 2か月 | イ | 確定申告書 | ウ | 100,000円 | エ | 6か月 | オ | 2か月 |

**126**

| | | | | | | | | | |
|---|---|---|---|---|---|---|---|---|---|
| ア | 2月以内 | イ | 中間申告書 | ウ | 10万円 | エ | 中間申告書 | オ | 前事業年度 |
| カ | 6か月間 | キ | 税務署長 | ク | 還　付 | | | | |



**127**

申告期限　令和 5 年 11 月 30 日

納付額　500,000円 × 6か月/12か月 ＝ 250,000円

**128**

Ⅰ　所得金額の計算

| 摘要 | | 金額 |
|---|---|---|
| 当期利益 | | 30,030,000円 |
| 加算 | 損金の額に算入した中間納付の法人税額 | 7,740,000 |
| | 損金の額に算入した中間納付の県民税及び市民税の額 | 1,400,300 |
| | 損金の額に算入した納税充当金 | 9,200,000 |
| | 交際費等の損金不算入額 | 1,730,000 |
| | 役員給与の損金不算入額 | 1,500,000 |
| | 貸倒引当金繰入限度超過額 | 745,900 |
| | 車両運搬具減価償却超過額 | 372,000 |
| | 小計 | 22,688,200 |
| 減算 | 納税充当金から支出した前期分事業税額 | 1,505,000 |
| | 受取配当等の益金不算入額 | 213,150 |
| | 小計 | 1,718,150 |
| 仮計 | | 51,000,050 |
| 寄附金の損金不算入額 | | 750,000 |
| 法人税額から控除される所得税額 | | 250,020 |
| 合計・総計・差引計 | | 52,000,070 |
| 所得金額 | | 52,000,070 |

Ⅱ　計算過程

| 項目 | 計算過程 |
|---|---|
| 減価償却 | 1．器具備品<br>償却限度額 4,230,000円 － 会社計上償却費 3,500,000円 ＝ 償却不足額 730,000円<br>2．車両運搬具<br>会社計上償却費 1,500,000円 － 償却限度額 1,128,000円 ＝ 償却超過額 372,000円 |

Ⅲ　納付すべき法人税額の計算

| 摘　　要 | 金　　額 | 計　算　過　程 |
|---|---|---|
| 所得金額 | 52,000,000円 | 1,000円 未満の端数切り捨て |
| 法人税額 | 11,408,000 | (1) 年800万円以下の所得金額に対する税額<br>8,000,000円 × $\frac{12}{12}$ × 15%<br>= 1,200,000円<br>(2) 年800万円を超える所得金額に対する税額<br>( 52,000,000円 − 8,000,000円 × $\frac{12}{12}$ ) × 23.2% = 10,208,000円<br>(3) 税額計　(1) + (2) = 11,408,000円 |
| 差引法人税額 | 11,408,000 | |
| 法人税額計 | 11,408,000 | |
| 控除税額 | 250,020 | |
| 差引所得に対する法人税額 | 11,157,900 | 100円 未満の端数切り捨て |
| 中間申告分の法人税額 | 7,740,000 | |
| 納付すべき法人税額 | 3,417,900 | |



**129**　Ⅰ　所得金額の計算

| 摘　　要 | | 金　　額 |
|---|---|---|
| 当期利益 | | 41,870,000円 |
| 加算 | 損金の額に算入した中間納付の法人税の額 | 17,690,000 |
| | 損金の額に算入した中間納付の住民税の額 | 3,680,000 |
| | 損金の額に算入した納税充当金 | 20,000,000 |
| | 貸倒引当金の繰入限度超過額 | 554,000 |
| | 機械減価償却超過額 | 265,468 |
| | 備品減価償却超過額 | 137,500 |
| | 車両減価償却超過額 | 5,000 |
| | 交際費等の損金不算入額 | 15,130,000 |
| | 土地圧縮超過額 | 2,300,000 |
| | 小計 | 59,761,968 |
| 減算 | 納税充当金から支出した前期分事業税の額 | 3,870,000 |
| | 前期貸倒引当金の繰入限度超過額認容 | 375,000 |
| | 建物減価償却超過額認容 | 79,500 |
| | 未払交際費認定損 | 1,800,000 |
| | 受取配当等の益金不算入額 | 837,000 |
| | 小計 | 6,961,500 |
| 仮計 | | 94,670,468 |
| 法人税額から控除される所得税額 | | 144,250 |
| 合計・総計・差引計 | | 94,814,718 |
| 所得金額 | | 94,814,718 |

Ⅱ　計算過程

| 項　　目 | 計　算　過　程 |
|---|---|
| 所得金額 | 1．建物<br>(1) 会社計上償却費　1,500,000円<br>(2) 償却限度額<br>65,000,000円 × 0.9 × 0.027 = 1,579,500円<br>(3) 認容額<br>(2) − (1) = 79,500円 { > ／ (<) } 135,000円<br>（いずれかを○で囲む）　∴ 79,500円<br>2．機械<br>(1) 会社計上償却費　2,140,068円<br>(2) 償却限度額<br>( 8,159,932円 + 2,140,068円 ) × 0.182<br>= 1,874,600円<br>(3) 償却超過額<br>(1) − (2) = 265,468円<br>3．備品<br>(1) 会社計上償却費　700,000円<br>(2) 償却限度額<br>3,750,000円 × 0.200 × 9/12 = 562,500円<br>(3) 償却超過額<br>(1) − (2) = 137,500円<br>4．車両<br>(1) 会社計上償却費　605,000円<br>(2) 償却限度額<br>( 795,000円 + 605,000円 + 100,000円 )<br>× 0.400 = 600,000円<br>(3) 償却超過額<br>(1) − (2) = 5,000円 |
| 交通費等 | 1．支出交際費等<br>2,200,000円 + 19,260,000円 + 1,800,000円<br>= 23,260,000円<br>2．損金算入限度額<br>① 8,000,000円 × 12/12 = 8,000,000円 { ≧ ／ (<) }<br>（いずれかに○）<br>( 16,260,000円 × 0.5 = 8,130,000円 )<br>∴ 8,130,000円<br>② 23,260,000円 > 8,130,000円　∴ 8,130,000円<br>3．損金不算入額<br>23,260,000円 − 8,130,000円 = 15,130,000円 |
| 国庫補助金 | 1．圧縮限度額<br>{ 15,000,000円 ／ 20,000,000円 } いずれか { 多い ／ (少ない) } 額　∴ 15,000,000円<br>（いずれかを○で囲む）<br>2．圧縮超過額<br>17,300,000円 − 15,000,000円 = 2,300,000円 |



Ⅲ　納付すべき法人税額の計算

| 摘　　要 | 金　　額 | 計　算　過　程 |
|---|---|---|
| 所得金額 | 94,814,000円 | 1,000円 未満の端数切り捨て |
| 法人税額 | 21,340,848 | (1) 年800万円以下の所得金額に対する税額<br>8,000,000円 × 12/12 × 15%<br>= 1,200,000円<br>(2) 年800万円を超える所得金額に対する税額<br>( 94,814,000円 − 8,000,000円 × 12/12 )<br>× 23.2% = 20,140,848円<br>(3) 税額計　(1) + (2) = 21,340,848円 |
| 差引法人税額 | 21,340,848 | |
| 法人税額計 | 21,340,848 | |
| 控除税額 | 144,250 | |
| 差引所得に対する法人税額 | 21,196,500 | 100円 未満の端数切り捨て |
| 中間申告分の法人税額 | 17,690,000 | |
| 納付すべき法人税額 | 3,506,500 | |

２．車　　両

① 会社計上償却費　□円

② 償却限度額　（□円＋□円＋□円）×0.□

＝□円

③ 認　容　額　｛②－①＝□円｝＜□円　∴□円

３．備　　品

① 会社計上償却費　□円

② 償却限度額　□円×0.□×□/12＝□円

③ 減価償却超過額　①－②＝□円

**065**　当社は，当期（自令和６年４月１日　至令和７年３月31日）に新品の機械装置を１台取得し，直ちに事業の用に供した。よって，次の資料に基づき，当期における減価償却超過額を計算しなさい。（２級）

＜資　料＞

(1)　当期の減価償却資産の償却に関する資料は次のとおりである。

| 種　類　等 | 取 得 価 額 | 損金経理償却費 | 期末帳簿価額 | 耐用年数 | 取 得 年 月 日 |
|---|---|---|---|---|---|
| 機械装置Ａ(１台) | 2,100,000円 | 1,200,000円 | 900,000円 | 10年 | 令和６年８月14日 |

(2)　当社は減価償却資産の償却方法については定率法を選定し届け出ており，耐用年数10年の定率法償却率は0.200である。

(3)　当期末における資本金等の額は52,000,000円（うち資本金の額30,000,000円）である。

(4)　機械装置Ａは，租税特別措置法《中小企業者等が機械等を取得した場合の特別償却》の規定が適用されるものである。（参考数値：30％）

１．減価償却限度額

① 特別償却限度額　□円×□％＝□円

② 普通償却限度額　□円×0.□×□/12＝□円

③ 合　　　計　①＋②＝□円

２．減価償却超過額　□円－□円＝□円

## 発展問題

**066** 次の資料により，H株式会社の当期（自令和６年４月１日　至令和７年３月31日）における減価償却超過額又は減価償却超過額の当期認容額を計算しなさい。（２級）

＜資　料＞

| 種　類 | 取得価額 | 期首帳簿価額 | 損金経理償却費 | 耐用年数 | 償却方法 | 償却率 |
|---|---|---|---|---|---|---|
| 建　物 | 18,500,000円 | 10,184,600円 | 510,000円 | 30年 | 旧定額法 | 0.034 |
| 備　品 | 3,620,000円 | 2,700,000円 | 700,000円 | ８年 | 200%定率法 | 0.250 |
| 機　械 | 6,350,000円 | 650,000円 | 60,000円 | 17年 | 旧定率法 | 0.127 |
| | | | | | 200%定率法 | 0.118 |
| 車　両 | 1,800,000円 | ―― | 300,000円 | ５年 | 200%定率法 | 0.400 |

(1) 建物には，前期以前に発生した繰越償却超過額が390,000円ある。

(2) 備品には，前期以前に発生した繰越償却超過額が15,000円ある。

(3) 機械については，令和６年６月24日に改良を行い，資本的支出となる改良費540,000円を支出しているが，修繕費として損金経理している。なお，機械については，平成19年３月31日以前に取得したものであり，前期以前に発生した繰越償却超過額が54,896円ある。

(4) 車両は，令和６年12月13日に取得し，同日事業の用に供したものである。

1．建　物

① 会社計上償却費　［　　　円］

② 償却限度額　［　　　円］× 0.9 ×［0.　　］＝［　　　円］

③ 認容額　②－①＝［　　　円］｛ ＞ ／ ＜ ｝［　　　円］

いずれかを○で囲む

∴［　　　円］

2．備　品

① 会社計上償却費　［　　　円］

② 償却限度額　（［　　　円］＋［　　　円］）×［0.　　］

＝［　　　円］

③ 償却超過額　①－②＝［　　　円］

3．機　械

① 会社計上償却費　［　　　円］＋［　　　円］＝［　　　円］

② 償却限度額

a．従前部分　（□円＋□円）×0.□

＝□円

b．資本的支出部分　□円×0.□×$\frac{\square}{12}$＝□円

c．合計　□円＋□円＝□円

③ 償却超過額　①－②＝□円

4．車両

① 会社計上償却費　□円

② 償却限度額　□円×0.□×$\frac{\square}{12}$＝□円

③ 償却超過額　①－②＝□円

## 4．繰延資産

**067** 下記のうち，繰延資産に該当するものには○印を，該当しないものには×印を（　　）内に記入をしなさい。

イ．（　　）開発費　　ロ．（　　）貯蔵品

ハ．（　　）電話加入権　　ニ．（　　）同業者団体の加入金

ホ．（　　）商店街のアーケード負担金　　ヘ．（　　）仕掛品

ト．（　　）社債等発行費　　チ．（　　）工業所有権

**068** 当期（令和６年４月１日～令和７年３月31日）の12月10日に，事務所を賃貸するため権利金720,000円を支払っている（賃貸期間は５年）。当社は，権利金を繰延資産として計上し，当期の償却費60,000円を損金経理により計上している。当期の償却超過額を計算しなさい。

(1) 償却限度額

□円×$\frac{\square\text{月}}{\square\text{年}\times\square\text{月}}$＝□円

(2) 償却超過額

□円－□円＝□円

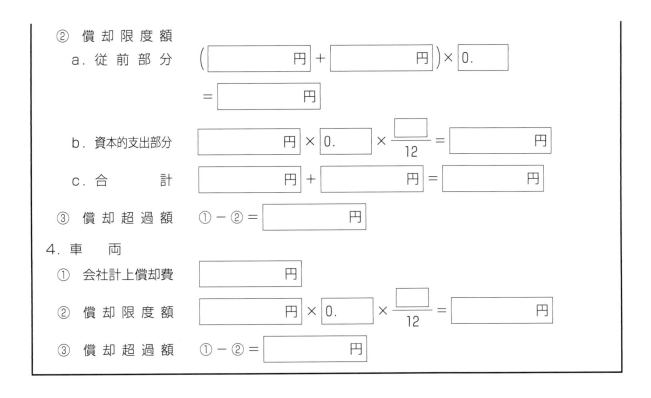

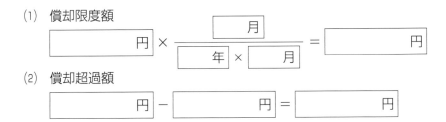

## 5．資産の評価損

**069** 次の文章の（　　　）の中にあてはまる語を下記の語群の中から選び記入しなさい。なお，同じ語を２度選んでもよい。

1．内国法人が，その有する資産の（ア.　　　　　）をして，その帳簿価額を増額した場合には，原則として，その増額した部分の金額は各事業年度の所得の金額の計算上（イ.　　　　　）となる。また，資産の（ウ.　　　　　）をして，その帳簿価額を減額した場合には，原則として，その減額した部分の金額は，各事業年度の所得の金額の計算上（エ.　　　　　）となる。
2．災害により著しく損傷した等特定の事実が生じた（オ.　　　　　），有価証券，（カ.　　　　　），繰延資産について，評価換えをする必要が生じた場合には，確定した決算において（キ.　　　　　）によりその帳簿価額を減額し，評価損を計上することができる。

| | | | | | |
|---|---|---|---|---|---|
| 費用計上 | 処分 | 減価償却資産 | 固定資産 | 評価換え | 棚卸資産 |
| 損金経理 | 売却 | 損金不算入 | 損金算入 | 益金算入 | 益金不算入 |

**070** 次の文章のうち，正しい文章には○印を，誤っている文章には×印を（　　　）内に記入しなさい。

1．（　　　）本社建物の帳簿価額は7,560,000円であるが，見積売却価格は5,000,000円と評価されたので，この差額2,560,000円を評価損計上した。この場合，この差額は損金の額に算入される。
2．（　　　）当社が保有している商品（帳簿価額3,000,000円）が水害により被害を受け処分可能価額2,000,000円と評価し，この差額を評価損計上した。棚卸資産の評価方法につき原価法を選定しているが，この差額は損金の額に算入される。

**071** 東北株式会社は当期中火災に遭い，商品の一部に損害を受けた。期末の在庫商品を原価法で評価すると5,720,000円である。この金額には処分可能価額570,000円と見積られる損害を受けた商品の原価評価額1,200,000円が含まれている。災害損失が発生した場合，資産の評価損の計上が認められるので，同社の期末商品棚卸高を修正しなさい。

［　　　　円］－［　　　　円］＋［　　　　円］＝［　　　　円］

## 6．役員の給与等

**072** 次の文章の（　　　）の中に，下記の語群から適当な語を選び，記入しなさい。

1．役員とは，法人の（ア．　　　　　），執行役，会計参与，監査役，理事，監事及び（イ．　　　　　）並びにこれら以外の者で法人の（ウ．　　　　　）に従事している者のうち特定のものをいう。
2．使用人兼務役員とは，役員（(エ．　　　　　)，理事長その他特定のものを除く。）のうち，部長，課長その他法人の使用人としての（オ．　　　　　）地位を有し，かつ，(カ．　　　　　）使用人としての職務に従事するものをいう。
3．役員に対して支給する定期同額給与の額は，各事業年度の所得の金額の計算上，原則として（キ．　　　　　）の額に算入する。
4．内国法人がその退職した特殊関係使用人に対して支給する退職給与の額のうち(ク．　　　　　）な部分の金額は，各事業年度の所得の金額の計算上，（ケ．　　　　　）の額に算入しない。

| | | | | | |
|---|---|---|---|---|---|
| 部　長 | 取締役 | 不相当に高額 | 課　長 | 販　売 | 時　々 |
| 社　長 | 清算人 | 職制上の | 経　営 | 損　金 | 常　時 |

**073** 次に掲げるもののうち，役員に該当するものには○印を，該当しないものには×印を（　　　）内に記入しなさい。

1．社　長（　　　）　2．部　長（　　　）　3．課　長（　　　）　4．理事長（　　　）
5．取締役（　　　）　6．支店長（　　　）　7．監査役（　　　）　8．理　事（　　　）
9．工場長（　　　）　10．清算人（　　　）

**074** 下の表は，使用人に対する給与の法人税法における取扱いを示したものである。損金算入は○印を，損金不算入は×印を解答欄に記入しなさい。

| 区分 | | | 解答欄 |
|---|---|---|---|
| 給料・賞与 | 特殊関係使用人 | 相当部分 | |
| | | 過大部分 | |
| | 上記以外の使用人 | 相当部分 | |
| | | 過大部分 | |
| 退職給与 | 特殊関係使用人 | 相当部分 | |
| | | 過大部分 | |
| | 上記以外の使用人 | 相当部分 | |
| | | 過大部分 | |

**075** 次の文章のうち，正しい文章には○印を，誤っている文章には×印を（　　）内に記入しなさい。

1．（　　）使用人（特殊関係使用人を除く）に対して支給する賞与は，支給額が過大か否かにかかわらず，全額損金の額に算入することができる。

2．（　　）役員に対して支給する報酬・賞与は，支給額が過大か否かにかかわらず，全額損金の額に算入することができる。

3．（　　）役員に対して支給する退職給与は，支給額が過大か否かにかかわらず，全額損金の額に算入することができる。

**076** 次の表は，当事業年度中に役員に対して支給した定期同額給与等の内訳である。すべて損金経理によっているが，申告調整により損金の額に算入されない金額を計算しなさい。

| | 相当金額 | 過大な部分の金額 |
|---|---|---|
| 役員報酬<br>役員賞与 | 42,500,000円 | 9,830,000円 |
| 役員退職給与 | 10,700,000円 | 4,200,000円 |

［　　　　円］＋［　　　　円］＝［　　　　円］

**077** A株式会社が，当期に損金経理により役員に支給した定期同額給与の額は50,000,000円であるが，法人税法上の役員給与の適正額は48,000,000円である。損金不算入の額を計算しなさい。

［　　　　円］－［　　　　円］＝［　　　　円］

**078** 甲株式会社が，当期に損金経理により支給した代表取締役Aの定期同額給与の額は10,000,000円であり，B取締役支店長（使用人兼務役員）に支給した給与の額は5,000,000円である。Bの給与は全額税法上適正額であるが，Aについては，8,000,000円が税法上の適正額である。損金不算入の額を計算しなさい。

［　　　　円］－［　　　　円］＝［　　　　円］

## ７．寄附金

**079** 次に掲げる寄附金のうち，法人税法の損金算入限度額の計算の対象となるものには○印を，ならないものには×印を（　　）内に記入しなさい。

１．（　　）先日付小切手による寄附金で，支払期日が当期中に到来しないもの
２．（　　）仮払経理した寄附金
３．（　　）未払計上した寄附金
４．（　　）手形振出による寄附金で，支払期日が当期中に到来するもの

**080** 次の資料により，中部株式会社の第８期（自令和６年４月１日　至令和７年３月31日）事業年度における寄附金の損金不算入額を計算しなさい。

＜資　料＞

| | | |
|---|---|---|
| ⑴ | 期末資本金の額と資本準備金の額の合計額 | 100,000,000円 |
| ⑵ | 当期損金経理した一般寄附金支出額 | 760,000円 |
| ⑶ | 申告書別表四の仮計（総額）の金額 | 13,240,000円 |

１．寄附金支出前所得金額

円 ＋ 円 ＝ 円

２．資本等基準額

円 × ―― × ―― ＝ 円

３．所得基準額

円 × ―― ＝ 円

４．損金算入限度額

（ 円 ＋ 円 ）× ―― ＝ 円

５．損金不算入額

円 － 円 ＝ 円

**081** 株式会社甲社の第19期事業年度（自令和６年４月１日　至令和７年３月31日）における次の資料により，寄附金の損金不算入額を解答欄にしたがって計算しなさい。（３級）

＜資　料＞

| | | |
|---|---|---|
| １． | 期末資本金の額と資本準備金の額の合計額 | 75,000,000円 |
| ２． | 当期において損金経理した一般寄附金の支出額 | 1,550,000円 |
| ３． | 申告書別表四の仮計総額欄の金額 | 68,620,000円 |

1．寄附金支出前所得金額

□円 ＋ □円 ＝ □円

2．資本等基準額

□円 × □ × □ ＝ □円

3．所得基準額

□円 × □ ＝ □円

4．損金算入限度額

（□円 ＋ □円）× □ ＝ □円

5．損金不算入額

□円 − □円 ＝ □円

**082**　Ａ社（決算年１回）の当事業年度中の寄附金の支出状況は次のとおりである。よって，寄附金の損金不算入額を計算しなさい。

(1)　Ａ社の期末資本金の額と資本準備金の額の合計額　3,000,000円

(2)　所得金額（別表四「仮計」）　3,400,000円

(3)　限度計算の対象となる寄附金（内訳は下記のとおり）　400,000円

①　指定寄附金等　150,000円

②　特定公益増進法人に対する寄附金　50,000円（②の損金算入限度額は，124,375円）

③　一般寄附金　200,000円

1．資本等基準

□円 × □ × □ ＝ □円

2．所得基準額

（□円 ＋ □円）× □ ＝ □円

3．損金算入限度額

（□円 ＋ □円）× □ ＝ □円

4．指定寄附金　□円

5．特定公益増進法人への寄附金

□円 < □円（限度額）　∴ □円

6．損金不算入額

□円 − □円 − □円 − □円

＝ □円

**083** Ｉ株式会社の当期における寄附金の損金不算入額を下記の資料に基づき計算しなさい。（２級）

<資　料>

１．当期における寄附金に関する資料は次のとおりである。

| | |
|---|---|
| (1) Ｙ国立大学法人に対する校舎修繕を目的とした支出額（指定寄付金に該当する。） | 1,200,000円 |
| (2) 財団法人日本体育協会に対する経常経費の支出額 | 250,000円 |
| (3) 日本赤十字社に対する経常経費の支出額（未払金として経理している） | 300,000円 |
| (4) 町内会に対する夏祭り費用の支出額 | 100,000円 |
| (5) 神社の祭礼に対する支出額（仮払金として経理している） | 170,000円 |

２．当期における確定した決算に基づく当期利益金額は10,530,000円であり，上記以外に税務調整すべき金額はない。

３．当期末現在の資本金の額と資本準備金の額の合計額は60,000,000円である。

(1) 支出寄附金の額

① 指定寄附金　□円

② 特定公益増進法人に対する寄附金　□円

③ その他の寄附金　□円 ＋ □円 ＝ □円

合　計　□円

(2) 特定公益増進法人に対する寄附金限度額

① 資本基準額　□円 × □/□ × □/□ ＝ □円

② 所得基準額　（□円 ＋ □円 － □円 ＋ □円）× □/□ ＝ □円

③ 限　度　額　（①＋②）× □/□ ＝ □円

④ いずれか少ない金額　(1)② □円 ＜ (2)③ □円

∴ □円

(3) 一般寄附金の損金算入限度額

① 資本基準額　□円 × □/□ × □/□ ＝ □円

② 所得基準額　（□円 ＋ □円 － □円 ＋ □円）× □/□ ＝ □円

③ 損金算入限度額　（①＋②）× □/□ ＝ □円

(4) 損金不算入額　□円 － □円 － □円 － □円 ＝ □円

## 発展問題

**084**　次の資料に基づき，当社の当期における寄附金の損金不算入額を計算しなさい。（2級）

<資　料>

1．当期において損金経理により寄附金勘定に計上した金額の内訳は次のとおりである。

| 寄　附　先　等 | 使　　途 | 支出金額 | 備　　考 |
|---|---|---|---|
| A政治団体 | 政治活動資金 | 500,000円 | ―― |
| 独立行政法人理化学研究所（特定公益増進法人） | 運　営　費 | 700,000円 | ―― |
| 独立行政法人日本学生支援機構（特定公益増進法人） | 運　営　費 | 1,000,000円 | （注1） |
| 県立B高等学校 | 体育館建設資金 | 800,000円 | ―― |
| C町内会 | 秋祭り費用 | 100,000円 | ―― |
| 結核予防会（特定公益増進法人） | 運　営　費 | 300,000円 | （注2） |
| その他の一般寄附金 | ―― | 400,000円 | ―― |

（注1）　前期において仮払金に計上した寄附金を当期において寄附金勘定へ振り替えたものである。
（注2）　当期において未払金勘定に計上したものである。

2．上記1のほか，当期において支出したD宗教団体に対する運営費の支出額200,000円を仮払金勘定で処理している。

3．当期における確定した決算に基づく当期利益金額は15,000,000円であり，上記以外に税務調整すべき金額はない。

4．当期末における資本金の額と資本準備金の額の合計額は70,000,000円（うち資本金の額50,000,000円）である。

(1)　支払寄附金の額

①　指定寄附金　［　　　円］

②　特定公益増進法人に対する寄附金　［　　　円］

③　その他の寄附金　［　　　円］＋［　　　円］＋［　　　円］

＋［　　　円］＝［　　　円］

④　合　　計　①＋②＋③＝［　　　円］

(2)　特定公益増進法人に対する寄附金限度額

①　資本基準額　［　　　円］×［―］×［――］＝［　　　円］

②　所得基準額　（［　　　円］＋［　　　円］＋［　　　円］

－［　　　円］＋［　　　円］）×［――］

＝［　　　円］

③ 限　度　額　（①＋②）× ―― ＝ 　　円

④ いずれか少ない金額　(1)② 　　円 ＜ (2)③ 　　円

∴ 　　円

(3) 一般寄附金の損金算入限度額

① 資本基準額　　　円 × ―― × ―― ＝ 　　円

② 所得基準額　（　　円 ＋ 　　円 ＋ 　　円

－ 　　円 ＋ 　　円）× ――

＝ 　　円

③ 損金算入限度額　（①＋②）× ―― ＝ 　　円

(4) 損金不算入額　　　円 － 　　円 － 　　円

－ 　　円 ＝ 　　円

## 8．租税公課

**085** 次の租税公課を，損金となるものと損金とならないものに区別し，該当解答欄に番号を記入しなさい。

1．法人税　2．事業税　3．市町村民税　4．固定資産税
5．延滞税　6．利子税　7．自動車税　8．徴収猶予期間に係る道府県民税の延滞金
9．重加算税　10．印紙税　11．過少申告加算税

| | | | | | | |
|---|---|---|---|---|---|---|
| 損金となるもの | | | | | | |
| 損金とならないもの | | | | | | |

**086** 次の文章のうち，正しい文章には○印を，誤っている文章には×印を（　　）内に記入しなさい。

1．（　　）確定した事業税の納付に際し納税充当金を取崩した場合は，損金経理をしたこととならないが，その事業税額は損金とされる。
2．（　　）地方税法に係る延滞金は損金とされないので，同法に係る納期限の延長の場合の延滞金も損金とされない。
3．（　　）会社法では法人税を利益の控除項目として考えているのと同様に，法人税でも所得の控除項目として考えている。

**087** 次の一連の取引の仕訳を示しなさい。なお，下記の勘定科目を使用すること。

| | | | |
|---|---|---|---|
| 当　座　預　金 | 仮　払　法　人　税 | 法　　人　　税 | 未　払　法　人　税 |

1．中間申告に基づく法人税4,000,000円を，小切手振出により納付し仮払経理した。

2．当事業年度の法人税額は8,250,000円と計算されたので，法人税勘定に計上することとした。よって，仮払経理した法人税を振替え，確定申告により納付すべき法人税額4,250,000円を計上した。

| | 借方科目 | 金　額 | 貸方科目 | 金　額 |
|---|---|---|---|---|
| 1 | | | | |
| 2 | | | | |

**088** 次の一連の取引について，仕訳を示しなさい。なお，下記の勘定科目を使用すること。

| | | | | |
|---|---|---|---|---|
| 当　座　預　金 | 仮払法人税等 | 租　税　公　課 | 法　人　税　等 | 未払法人税等 |

1．中間申告に基づく法人税，県民税及び市民税，事業税の合計額3,720,000円を小切手振出しにより，納付し仮払経理した。

2．決算で法人税，県民税及び市民税，事業税の合計額を7,500,000円を見積り計上した。なお，仮払経理した中間申告分の法人税等を振替え，残額を未払計上した。

3．確定申告により納付した税額は次のとおり。

法人税　2,950,000円　　県民税及び市民税　480,000円　　事業税　730,000円

納付方法は小切手振出しによったが，前期から繰越した未払法人税等の額を超える金額相当額については費用計上した。

| | 借方科目 | 金　額 | 貸方科目 | 金　額 |
|---|---|---|---|---|
| 1 | | | | |
| 2 | | | | |
| 3 | | | | |

## ９．交際費等

**089** 次の文章の（　　　）の中に，下記の語群から適当な語を選び，記入しなさい。

交際費等とは，交際費，（ア.　　　　　　），（イ.　　　　　　），その他の費用で，法人がその得意先，仕入先その他事業に関係のある者に対する接待，（ウ.　　　　　　），（エ.　　　　　　），（オ.　　　　　　）その他これらに類する行為のために支出するものをいう。

| | | | | |
|---|---|---|---|---|
| 慰　　安 | 供　　応 | 接　待　費 | 贈　　答 | 機　密　費 |

**090** 次の文章のうち，正しい文章には○印を，誤っている文章には×印を（　　　）内に記入しなさい。

1．（　　　）交際費等は事業の遂行上必要であるので，その支出額は金額いかんにかかわらず法人税法において損金とされる。

2．（　　　）接待等をしてその支出額を仮払計上しても，その行為があった事業年度において限度計算の対象となる。

3．（　　　）供応をしてその費用を事業年度終了の日までに支払わず未払計上した場合は，実際にその支払が行われた事業年度で限度計算の対象とされる。

**091** 次の資料により，Ａ株式会社（期末資本金額１億円）の当期（自令和６年４月１日　至令和７年３月31日）における交際費等の損金不算入額を計算しなさい。

(1) 得意先に対する接待費用　3,500,000円
(2) 従業員の慰安のための旅行費用　2,800,000円
(3) 同社の創立記念日に取引先を招いて行った宴会費用　7,200,000円
(4) その他法人税法上の交際費等　8,600,000円
(5) 上記(1)〜(4)のうち交際費として支出した接待飲食費は12,300,000円である。

1．支出交際費等

［　　　　円］＋［　　　　円］＋［　　　　円］＝［　　　　円］

2．損金算入限度額

①［　　　　円］×［—］ ≧／＜ （［　　　　円］×［0.　　］＝［　　　　円］）

（いずれかに○）　∴［　　　　円］

②［　　　　円］＞［　　　　円］　∴［　　　　円］

3．損金不算入額

［　　　　円］－［　　　　円］＝［　　　　円］

**092** 次の資料により，A株式会社（期末資本金額１億円）の当期（自令和６年４月１日　至令和７年３月31日）における交際費等の損金不算入額を計算しなさい。

(1) カレンダー，手帳を贈与するための費用　　2,900,000円
(2) 取引先を旅行に招待するための費用　　5,300,000円
(3) 取引先に対する慶弔費用　　1,800,000円
(4) その他法人税法上の交際費等　　18,400,000円
(5) 上記(1)〜(4)のうち交際費として支出した接待飲食費は16,400,000円である。

１．支出交際費等

［　　　　円］＋［　　　　円］＋［　　　　円］＝［　　　　円］

２．損金算入限度額

① ［　　　　円］×［—］ ≧ < （［　　　　円］×［0.　　］＝［　　　　円］）

（いずれかに○）　∴［　　　　円］

② ［　　　　円］＞［　　　　円］　∴［　　　　円］

３．損金不算入額

［　　　　円］－［　　　　円］＝［　　　　円］

**093** A株式会社（期末資本金額６千万円）が，当期（自令和６年４月１日　至令和７年３月31日）に損金経理により支出した交際費等の額は4,850,000円（接待飲食費はない）である。よって，損金不算入額を計算しなさい。

１．支出交際費等の額　［　　　　円］

２．定額控除限度額　［　　　　円］× $\frac{［\quad 月］}{12}$ ＝［　　　　円］

３．損金算入限度額

［　　　　円］ > < ［　　　　円］　∴［　　　　円］

いずれかを○で囲む

４．損金不算入額

［　　　　円］－［　　　　円］＝［　　　　円］

**094** 同族会社であるH株式会社（期末資本金額１億６千万円）の当期（自令和６年４月１日 至令和７年３月31日）に損金経理により支出した交際費等の損金不算入額を計算しなさい。（２級）

(1) 当期において交際費等として損金経理した金額の内訳は次のとおりである。

| | | |
|---|---|---|
| ① | 前期末に得意先を接待し仮払経理をした交際費の当期振替額 | 605,000円 |
| ② | 得意先等に対し当社の社名入りの手帳を配付した費用 | 2,252,000円 |
| ③ | 仕入先の従業員に対する慶弔費用 | 1,720,000円 |
| ④ | 得意先を旅行に招待した費用 | 6,390,000円 |

(2) 当期に得意先を招いて行われた新社屋落成式の宴会費用15,250,000円については，請求書は来ているが未払であり，何らの処理もしていない。

(3) (1)，(2)のうち税務上の交際費に該当する接待飲食費は19,640,000円である。

1．支出交際費等

［　　　　円］＋［　　　　円］＋［　　　　円］＝［　　　　円］

2．損金算入限度額

［　　　　円］ ＞／＜ （［　　　　円］×［0.　　］＝［　　　　円］）

いずれかを○で囲む　　∴［　　　　円］

3．損金不算入額　［　　　　円］－［　　　　円］＝［　　　　円］

**095** 次の資料に基づき，当期（自令和６年４月１日　至令和７年３月31日）における交際費等の損金不算入額を解答欄にしたがって計算しなさい。（３級）

＜資　料＞

1．期末資本金額　45,000,000円

2．当期において損金経理により交際費勘定に計上した金額は次のとおりである。

| | | |
|---|---|---|
| (1) | 取引先に対する中元・歳暮贈答費用 | 856,000円 |
| (2) | 取引先を旅行に招待した費用 | 1,124,000円 |
| (3) | 当社の従業員慰安のための旅行費用 | 773,000円 |
| (4) | 取引先を接待するために支出した飲食代 | 1,311,000円 |
| (5) | 社内会議に際し支出した茶菓，弁当代 | 187,000円 |
| (6) | 取引先接待ゴルフ費用 | 485,000円 |

3．当期において損金経理により雑費勘定に計上した金額は816,000円で，そのなかには次のものが含まれている。

| | | |
|---|---|---|
| (1) | 当社社名入りの手帳の作成費用 | 208,000円 |
| (2) | 取引先の慶弔・禍福に要した費用 | 350,000円 |
| (3) | 当社の従業員の慶弔・禍福に要した費用 | 150,000円 |

1. 支出交際費等の額

| | 円 | + | | 円 | + | | 円 | + | | 円 |

| + | | 円 | = | | 円 |

2. 定額控除限度額

$$\boxed{\phantom{xxxx}} 円 \times \frac{\boxed{\phantom{x}} 月}{12} = \boxed{\phantom{xxxx}} 円 \quad \begin{matrix} \geqq \\ < \end{matrix} \quad \boxed{\phantom{xxxx}} 円 \times 0.\boxed{\phantom{x}}$$

$$= \boxed{\phantom{xxxx}} 円 \quad \therefore \boxed{\phantom{xxxx}} 円 \quad (いずれかに○)$$

3. 損金算入限度額

$$\boxed{\phantom{xxxx}} 円 \quad \begin{matrix} > \\ < \end{matrix} \quad \boxed{\phantom{xxxx}} 円 \quad \therefore \boxed{\phantom{xxxx}} 円$$

（いずれかに○）

4. 損金不算入額

$$\boxed{\phantom{xxxx}} 円 - \boxed{\phantom{xxxx}} 円 = \boxed{\phantom{xxxx}} 円$$

## 10. 圧縮記帳

**096** 大阪株式会社の次の一連の取引を仕訳で示しなさい。

1. 国から工場用地の取得に充てるため補助金50,000,000円の交付を小切手で受け，ただちに当座預金とした。

2. その交付の目的に適合した用地を70,000,000円で取得し，小切手振出しにより支払った。

3. この土地70,000,000円は，圧縮記帳の対象となる条件を満たしているので，補助金相当額50,000,000円につき，取得した土地の帳簿価額を直接減額して土地圧縮損勘定に振替える方法により，圧縮記帳の処理をした。

| | 借 方 科 目 | 金 額 | 貸 方 科 目 | 金 額 |
|---|---|---|---|---|
| 1 | | | | |
| 2 | | | | |
| 3 | | | | |

**097** 浦和株式会社の次の一連の取引を仕訳で示しなさい。

1．火災保険をかけている倉庫（取得価格10,000,000円，減価償却累計額450,000円）が全焼したので，損害保険会社に保険金の請求をした。
2．損害保険会社から保険金15,000,000円を小切手で受入れ，ただちに当座預金とした。
3．この保険金15,000,000円で新たに倉庫を取得し，小切手振出により支払った。
4．この倉庫15,000,000円は，圧縮記帳の対象となる条件を満たしているので，圧縮限度相当額5,450,000円につき，取得した倉庫の帳簿価額を直接減額して建物圧縮損勘定に振替える方法により，圧縮記帳の処理をした。

| | 借　方　科　目 | 金　　額 | 貸　方　科　目 | 金　　額 |
|---|---|---|---|---|
| 1 | | | | |
| 2 | | | | |
| 3 | | | | |
| 4 | | | | |

**098** 千代田株式会社の次の一連の取引を仕訳で示しなさい。

1．当社所有土地（帳簿価額5,000,000円，時価9,000,000円）と港株式会社所有土地（時価10,000,000円）とを交換し，当社が交換差金1,000,000円を小切手振出しにより支払った。
2．交換によって取得した土地10,000,000円は圧縮記帳の対象となる条件を満たしているので，圧縮限度相当額4,000,000円につき，取得した土地の帳簿価額を直接減額して土地圧縮損勘定に振替える方法により，圧縮記帳の処理をした。

| | 借　方　科　目 | 金　　額 | 貸　方　科　目 | 金　　額 |
|---|---|---|---|---|
| 1 | | | | |
| 2 | | | | |

**099**　当社は，当期中に国庫補助金の交付を受け，その交付の目的に適合した土地を取得している。これに関する次の資料に基づき，取得した建物に係る圧縮限度額及び圧縮超過額を計算しなさい。（２級）

＜資　料＞

⑴　当期の６月１日に国庫補助金5,000,000円の交付を受け，その交付の目的に適合した土地を６月12日に自己資金3,000,000円を加え8,000,000円で取得し，ただちに事業の用に供した。なお，この国庫補助金については，当期末までに返還不要が確定している。

⑵　この土地に対し，損金経理により土地圧縮損7,300,000円を計上するとともに，同額を土地の帳簿価額から減額している。

１．圧縮限度額

［　　　　円］ { ＞ / ＜ } ［　　　　円］　∴［　　　　円］

いずれかを○で囲む

２．圧縮超過額

［　　　　円］－［　　　　円］＝［　　　　円］

**100**　当社は，当期（自令和６年４月１日　至令和７年３月31日）中に国から国庫補助金の交付を受けて，交付の目的に適合する建物を取得している。これに関する次の資料に基づき，取得した建物に係る圧縮限度額及び圧縮超過額並びに減価償却限度額及び償却超過額を計算しなさい。（２級）

＜資　料＞

⑴　当期の４月１日国から24,000,000円の国庫補助金の交付を受け，当期の収益に計上した。

⑵　当期の５月20日に交付の目的に適合した建物を64,000,000円で取得し，翌月より事業の用に供している。

⑶　当期の12月20日に国庫補助金の返還不要が確定し，損金経理により建物圧縮損30,000,000円及び減価償却費1,800,000円を計上している。

⑷　当社は建物の減価償却方法として定額法を選定しており，耐用年数は24年（平成19年４月１日以後取得した資産に係る定額法償却率0.042）である。

１．圧縮限度額

［　　　　円］＜［　　　　円］　∴［　　　　円］

２．圧縮超過額

［　　　　円］－［　　　　円］＝［　　　　円］

３．償却限度額

（［　　　　円］－［　　　　円］）×［0.　　　］×［　―　］＝［　　　　円］

４．償却超過額

（［　　　　円］＋［　　　　円］）－［　　　　円］＝［　　　　円］

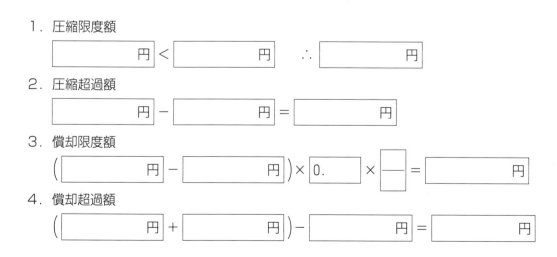

**101**　G株式会社は，当期（自令和６年４月１日　至令和７年３月31日）中に火災により建物を全焼した。この建物には保険が付されていたので，保険会社から受け取った保険金で焼失前と用途を同じくする建物を本年８月１日に取得し，直ちに事業の用に供した。よって，次の資料に基づき，取得した建物に係る圧縮限度額及び減価償却限度額を計算しなさい。なお，建物の減価償却方法は定額法，耐用年数は30年（償却率0.034）とする。（２級）

＜資　料＞

| | |
|---|---|
| １．受け取った保険金の額 | 32,400,000円 |
| ２．焼失した建物の焼失直前の帳簿価額 | 12,000,000円 |
| ３．滅失経費として支出した金額 | |
| (1) 建物の取壊しのために支出した費用の額 | 950,000円 |
| (2) 焼け跡整理のために支出した費用の額 | 830,000円 |
| (3) 新聞に謝罪広告を掲載した費用 | 260,000円 |
| (4) 消防に要した費用 | 620,000円 |
| ４．取得した建物の取得価額 | 25,000,000円 |

１．滅失等により支出した経費の額

円 ＋ 円 ＋ 円 ＝ 円

２．改訂保険金等の額

円 − 円 ＝ 円

３．保険差益の額

円 − 円 ＝ 円

４．圧縮限度額

円 × $\frac{\text{円}}{\text{円}}$ ＝ 円

５．減価償却限度額

（ 円 − 円 ）× 0. × $\frac{\quad}{\quad}$ ＝ 円

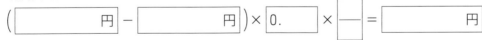

## 発展問題

**102** K株式会社は，当期（自令和6年4月1日　至令和7年3月31日）中に火災により建物を全焼している。K社はこの火災により保険会社から受け取った保険金33,000,000円で焼失前と用途を同じくする建物を本年12月1日に27,000,000円で取得し，直ちに事業の用に供している。これに関する次の資料に基づき，取得した建物に係る圧縮限度額及び圧縮超過額並びに減価償却限度額及び償却超過額を計算しなさい。（2級）

＜資　料＞

| | |
|---|---|
| 1．焼失した建物の焼失直前の帳簿価額 | 10,200,000円 |
| 2．滅失経費として支出した金額 | |
| (1) 消防に要した費用 | 740,000円 |
| (2) 建物の取壊し費用 | 1,660,000円 |
| (3) けが人への見舞い費用 | 500,000円 |
| (4) 新聞に謝罪広告を掲載した費用 | 630,000円 |
| 3．損金により計上した金額 | |
| (1) 建物に係る圧縮損 | 19,500,000円 |
| (2) 建物に係る減価償却費 | 150,000円 |

4．K社は，建物の減価償却方法として定額法を選定しており，耐用年数は24年（平成19年4月1日以後取得した資産に係る定額法償却率0.042）である。

1．滅失等により支出した経費の額

□円 ＋ □円 ＝ □円

2．改訂保険金等の額

□円 － □円 ＝ □円

3．保険差益の額

□円 － □円 ＝ □円

4．圧縮限度額

□円 × □円／□円 ＝ □円

5．圧縮超過額

□円 － □円 ＝ □円

6．償却限度額

（□円 － □円）× 0.□ × □／□ ＝ □円

7．償却超過額

（□円 ＋ □円）－ □円 ＝ □円

## 発展問題

**103** 次の資料に基づき，当期（自令和６年４月１日　至令和７年３月31日）に当社が交換により取得した建物について，交換による圧縮記帳をする場合の当期における減価償却超過額を計算しなさい。（２級）

＜資　料＞

(1) 当社は，本年８月７日にＫ株式会社と次に掲げる建物の交換を行った。

| 区　分 | 交換譲渡資産 | | 交換取得資産 |
|---|---|---|---|
| | 譲渡直前の帳簿価額 | 時　価 | 時　価 |
| 建　物 | 20,000,000円 | 28,000,000円 | 23,520,000円 |
| 現　金 | ── | ── | 4,480,000円 |
| 合　計 | 20,000,000円 | 28,000,000円 | 28,000,000円 |

（注１） 交換取得資産と交換譲渡資産は，それぞれ数年前より保有しているものであり，交換のために取得したものではない。また，交換取得資産は，交換譲渡資産の譲渡直前の用途と同一の用途に供している。

（注２） 取得した建物は，本年９月１日より事業の用に供している。なお，見積残存耐用年数は24年であり，定額法償却率は0.042である。

(2) この交換に伴い，譲渡経費1,000,000円を支出し雑損失に計上した。また，交換差金4,480,000円及び交換取得資産の時価と交換譲渡資産の譲渡直前の帳簿価額との差額3,520,000円を交換差益として雑収入に計上した。

(3) 建物圧縮損として，6,000,000円を損金経理により計上し，帳簿価額から直接減額した。

(4) 当社は，減価償却資産について償却方法として定額法を選定し届出ており，当期の減価償却費として500,000円を損金経理により計上した。

１．交　換

(1) 適用可否の判定

① [　　　円] − [　　　円] = [　　　円]

② [　　　円] × [　　　%] = [　　　円]

③ 判　定　① { ＞ ／ ≦ } ②　∴ 適用あり

いずれかを○で囲む

(2) 圧縮限度額

[　　　円] −（[　　　円] + [　　　円]）

× [　　　円] ／ （[　　　円] + [　　　円]） = [　　　円]

(3) 圧縮超過額　[　　　円] − [　　　円] = [　　　円]

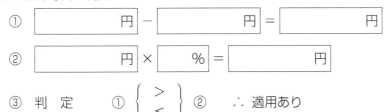

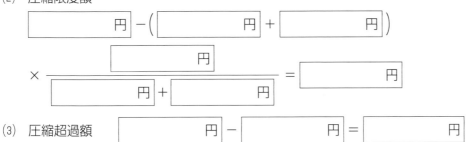

2．減価償却

(1) 減価償却限度額

（［　　　　円］－［　　　　円］）×［0.　　］×［──］＝［　　　　円］

(2) 減価償却超過額

（［　　　　円］＋［　　　　円］）－［　　　　円］＝［　　　　円］

## 11．貸倒損失

**104** 次のうち貸倒損失が計上できるものには○印を，できないものには×印を（　　　）内に記入をしなさい。

1．（　　　）会社更生計画の認可決定により，切り捨てられることになった売掛金
2．（　　　）手形交換所による取引停止処分となった受取手形
3．（　　　）破産手続き開始の申立てがあった会社への貸付金
4．（　　　）債務者の資産状況，支払能力等からみてその全額が回収できないことが明らかになった売掛金
5．（　　　）取引が無くなってから１年以上経過した（最後の弁済からも１年以上経過している）取引先に対する売掛金

**105** 当社はＡ社に対して売掛金700,000円，貸付金1,000,000円を有しているが，Ａ社は当期の７月に会社法の規定による特別清算に係る協定の認可があり，上記の全額が切り捨てられることとなった。当社はこれについて何の経理もしていないが，税務上調整すべき処理及び金額を記載しなさい。

税務上の処理　［　　　　　　　　］

金　　　額　［　　　　円］＋［　　　　円］＝［　　　　円］

## 12．引当金

**106** 次に掲げる債権のうち，貸倒引当金の設定対象となる金銭債権に該当するものには○印を，該当しないものには×印を，（　　　）内に記入しなさい。

1．（　　　）預貯金　　　2．（　　　）貸付金
3．（　　　）公債の未収利子　　　4．（　　　）仮払旅費
5．（　　　）預金の未収利子　　　6．（　　　）受取手形
7．（　　　）差入保証金　　　8．（　　　）未収地代
9．（　　　）仕入割戻しの未収金　　　10．（　　　）売掛金

**107** 次の資料により，小売業を営むＡ株式会社（期末資本金5,000万円）の貸倒引当金繰入額の限度超過額を，法定繰入率を適用して計算しなさい。なお，個別評価金銭債権に該当するものはない。

(1) 期末一括評価金銭債権の額　68,000,000円
(2) 実質的に債権とみられないものの額　4,700,000円
(3) 決算において計上した貸倒引当金繰入額　820,000円

1．期末一括評価金銭債権額　［　　　円］

2．実質的に債権とみられないものの額　［　　　円］

3．差引期末一括評価金銭債権額　［　　　円］

4．繰入限度額

［　　　円］×［――］＝［　　　円］

5．限度超過額

［　　　円］－［　　　円］＝［　　　円］

**108** 次の資料により，製造業を営むＣ株式会社（期末資本金１億円）の貸倒引当金繰入額の限度超過額を，法定繰入率を適用して計算しなさい。なお，個別評価金銭債権に該当するものはない。

(1) 期末債権の内訳
① 受取手形　15,000,000円（(2)の金額は含まれていない。）
② 割引手形　3,000,000円（売掛金の回収として取得した手形を割引いたもので，その額は貸借対照表に注記している。）
③ 売 掛 金　27,000,000円
④ 仮払旅費　300,000円（出張した従業員に旅費を概算払いしたものである。）
(2) 実質的に債権とみられないものの額　2,800,000円
(3) 決算において計上した貸倒引当金繰入額　600,000円

1．期末一括評価金銭債権額

［　　　円］＋［　　　円］＋［　　　円］＝［　　　円］

2．実質的に債権とみられないものの額　［　　　円］

3．差引期末一括評価金銭債権

［　　　円］－［　　　円］＝［　　　円］

4．繰入限度額

［　　　円］×［――］＝［　　　円］

5．限度超過額

［　　　円］－［　　　円］＝［　　　円］

**109**　次の資料により，小売業を営む甲株式会社の第××期事業年度（自令和６年４月１日　至令和７年３月31日）における貸倒引当金の繰入限度超過額を解答欄にしたがって計算しなさい。

（３級）

＜資　料＞

(1)　期末資本金額　　60,000,000円

(2)　期末における債権の内訳

①　受取手形　　31,280,000円

（この中には(2)の割引手形の金額は含まれていない。）

②　割引手形　　76,530,000円

（すべて売掛金の回収として取得した手形を割り引いたもので，期末現在において支払期日未到来であり，その金額は財務諸表に注記されている。）

③　売 掛 金　　45,500,000円

④　貸 付 金　　2,500,000円（仕入先に対する短期貸付金である。）

⑤　仮 払 金　　400,000円

（従業員に対する給料の前払額である。）

(3)　実質的に債権とみられないものの額　　3,800,000円

(4)　当期において繰入れた貸倒引当金の額　　2,000,000円

(5)　その他の資料

①　一部につき貸倒れが見込まれる債権はない。

②　繰入率は法定繰入率 $\frac{10}{1,000}$ を適用する。

１．期末一括評価金銭債権の額

[　　　　円] ＋ [　　　　円] ＋ [　　　　円] ＋ [　　　　円]

＝ [　　　　円]

２．実質的に債権とみられないものの額　[　　　　円]

３．差引期末一括評価金銭債権の額

[　　　　円] － [　　　　円] ＝ [　　　　円]

４．当期繰入限度額

[　　　　円] × $\frac{\square}{1,000}$ ＝ [　　　　円]

５．繰入限度超過額

[　　　　円] － [　　　　円] ＝ [　　　　円]

**110**　次の資料に基づき，製造業を営む甲株式会社の第××期事業年度（自令和６年４月１日　至令和７年３月31日）における貸倒引当金の繰入限度超過額を解答欄にしたがって計算しなさい。

（３級）

＜資　料＞

⑴　期末資本金の額　80,000,000円

⑵　期末における債権の内訳

①　受取手形　45,235,000円

（この中には⑵の割引手形の金額は含まれていない。）

②　割引手形　63,000,000円

（すべて売掛金の回収として取得した手形を割り引いたもので，期末現在において支払期日未到来であり，その金額は財務諸表に注記されている。）

③　売 掛 金　52,718,000円

④　前 渡 金　3,000,000円（仕入商品に係る前渡金である。）

⑤　貸 付 金　5,000,000円（得意先に対する短期貸付金である。）

⑥　未収利息　30,000円（これは⑸の貸付金に係るものである。）

⑦　未 収 金　100,000円（仕入割戻しの未収金である。）

⑶　実質的に債権とみられないものの額　2,500,000円

⑷　当期において繰入れた貸倒引当金の額　1,600,000円

⑸　その他の資料

①　一部につき貸倒れが見込まれる債権はない。

②　繰入率は法定繰入率 $\frac{8}{1,000}$ を適用する。

1．繰入限度額

⑴　期末一括評価金銭債権の額

円 ＋ 円 ＋ 円 ＋ 円

＋ 円 ＝ 円

2．実質的に債権とみられないものの額　円

3．差引期末一括評価金銭債権の額

円 － 円 ＝ 円

4．繰入限度額

円 × ―― ＝ 円

5．繰入限度超過額

円 － 円 ＝ 円

**111** 次の資料により，卸売業を営むＥ株式会社（期末資本金１億円）の貸倒引当金繰入額の限度超過額を，法定繰入率を適用して計算しなさい。なお，個別評価金銭債権に該当するものはない。

⑴ 期末債権の内訳

① 受取手形　　26,000,000円

② 売 掛 金　　38,000,000円

③ 貸 付 金　　 1,000,000円（役員に対する貸付けである。）

④ 差入保証金　 3,000,000円（店舗の借入れの際に差入れたものである。）

⑵ その他

① 受取手形のうち5,000,000円はＬ株式会社から取得したものである。同社に対して買掛金2,000,000円がある。

② 売掛金のうち400,000円はＭ株式会社に対するものである。同社からの借入金が3,000,000円ある。

③ 決算において計上した貸倒引当金繰入額　830,000円

１．期末一括評価金銭債権額

　　　円 ＋ 　　　円 ＋ 　　　円 ＝ 　　　円

２．実質的に債権とみられないものの額

① Ｌ株式会社　　　　円 ＞ 　　　円　∴ 　　　円

② Ｍ株式会社　　　　円 ＜ 　　　円　∴ 　　　円

③ 合　　計　　　　円 ＋ 　　　円 ＝ 　　　円

３．差引期末一括評価金銭債権額

　　　円 － 　　　円 ＝ 　　　円

４．繰入限度額

　　　円 × ―― ＝ 　　　円

５．限度超過額

　　　円 － 　　　円 ＝ 　　　円

## 発展問題

**112** 卸売業を営むT株式会社の下記の資料により，当期（自令和6年4月1日　至令和7年3月31日）における貸倒引当金の繰入限度額を計算しなさい。なお，期末資本金額は30,000,000円である。（2級）

＜資　料＞

(1) 期末における債権等の内容は次のとおりである。

① 受取手形　　25,600,000円
② 売 掛 金　　36,700,000円
③ 貸 付 金　　3,600,000円（すべて得意先B会社に対するものである。）
④ 前 渡 金　　1,300,000円（土地購入のための手付金である。）
⑤ 未収利子　　140,000円

注1．上記のほか受取手形（売掛金の回収として取得したものである。）を割引いた金額16,400,000円が貸借対照表に脚注表示してある。

注2．売掛金のうち得意先A会社に対するものが5,200,000円あるが，A会社は当期の11月26日に手形交換所の取引停止処分を受けている。よって，個別評価の対象となり債権金額の100分の50の貸倒引当金を設定する。

また，売掛金のうち得意先B会社に対するものが1,850,000円あるが，T株式会社は得意先B会社に対して買掛金が4,700,000円ある。

注3．未収利子のうち，90,000円は得意先C会社に対する貸付金に係るものであり，残りは公社債に係るものである。

(2) 実質的に債権とみられないものの額の簡便法による控除割合は，0.063である。

(3) 過去3年間における税務上の期末一括評価金銭債権の帳簿価額の状況及び貸倒損失の発生状況は次のとおりである。

| 事　業　年　度 | 各事業年度末における一括評価金銭債権の帳簿価額 | 貸 倒 損 失 額 |
| --- | --- | --- |
| 令和3年4月1日～令和4年3月31日 | 91,000,000円 | 950,000円 |
| 令和4年4月1日～令和5年3月31日 | 97,000,000円 | 1,100,000円 |
| 令和5年4月1日～令和6年3月31日 | 105,000,000円 | 1,290,000円 |

1．個別評価金銭債権

(1) 繰入限度額　［　　　　円］× $\frac{50}{100}$ ＝［　　　　円］

2．一括評価金銭債権

(1) 期末一括評価金銭債権の額

［　　　　円］＋［　　　　円］＋（［　　　　円］－［　　　　円］）

＋［　　　　円］＋［　　　　円］＝［　　　　円］

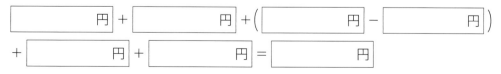

(2) 実質的に債権とみられないものの額

① 原　則　法

A．債権の額　　　円 ＋ 　　　円 ＝ 　　　円

B．債務の額　　　円

C．判　　定　　AとBのうちいずれか ｛多　い／少ない｝ 額　　∴ 　　　円

いずれかを○で囲む

② 簡　便　法　　　　円 × 0.　　 ＝ 　　　円

③ 判　　定　　①と②のうちいずれか ｛多　い／少ない｝ 額　　∴ 　　　円

いずれかを○で囲む

(3) 実績繰入率

$$\frac{(\quad 円 + \quad 円 + \quad 円)\times \frac{\quad}{36}}{(\quad 円 + \quad 円 + \quad 円)\div \quad} = 0.\quad\cdots$$

↓

0.

(4) 法定繰入率　0.

小数点以下4位未満切り

(5) 繰入限度額

① 実績繰入率による繰入限度

　　　円 × 0.　　 ＝ 　　　円

② 法定繰入率による繰入限度額

（　　　円 － 　　　円）× 0.　　 ＝ 　　　円

③ 繰入限度額

①と②のうちいずれか ｛多　い／少ない｝ 額　　∴ 　　　円

いずれかを○で囲む

## 発展問題

**113**　小売業を営む非同族会社である株式会社中野商店の下記の資料により，当期（自令和６年４月１日　至令和７年３月31日）における貸倒引当金の繰入限度額を計算しなさい。なお，期末資本金額は40,000,000円である。（２級）

(1)　当期末現在の貸借対照表に計上されている債権等（貸倒引当金控除前）の金額は次のとおりである。

①　受取手形　　63,775,000円

②　売 掛 金　　35,539,000円

③　貸 付 金　　18,010,000円

④　未収入金　　 1,339,000円

(2)　上記１．に掲げる債権につき，以下のような留意事項がある。

①　受取手形は，すべて売掛金の回収のために取得したものであるが，このほか貸借対照表に脚注表示された裏書手形が2,800,000円及び割引手形が8,250,000円ある。

②　売掛金のうち1,500,000円は，Ｘ社に対するものであり，同社は経営状態が著しく悪化し当期の７月20日に債権者集会の協議決定により，債権金額の全額の切捨てが行われることが決定した。なお，中野商店はこの決定に関する処理を何ら行っていない。

③　貸付金のうち3,400,000円は，Ｙ社に対するものであるが，中野商店はＹ社に対して買掛金2,223,000円及び支払手形1,200,000円がある。

④　未収入金の内訳は，以下のとおりである。

ア．未収の損害賠償金　　900,000円

イ．貸付金の未収利息　　411,000円（うち，Ｙ社に対する貸付金の未収利息56,000円）

ウ．未 収 配 当 金　　 28,000円

(3)　実質的に債権とみられないものの額の簡便法による控除割合は，0.0261である。

(4)　中野商店の過去３年間における税務上の期末一括評価金銭債権の帳簿価額の状況，売掛債権等についての貸倒損失額の発生状況は次のとおりである。

| 事　業　年　度 | 各事業年度末における一括評価金銭債権の帳簿価額 | 貸 倒 損 失 額 |
|---|---|---|
| 令和３年４月１日～令和４年３月31日 | 126,928,000円 | 1,308,000円 |
| 令和４年４月１日～令和５年３月31日 | 131,505,000円 | 645,000円 |
| 令和５年４月１日～令和６年３月31日 | 129,130,000円 | 1,849,000円 |

(1)　期末評価金銭債権の額

（［　　　　円］＋［　　　　円］＋［　　　　円］）＋（［　　　　円］

−［　　　　円］）＋［　　　　円］＋［　　　　円］＋［　　　　円］

＝［　　　　円］

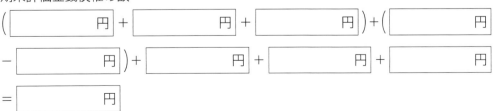

(2) 実質的に債権とみられないものの額

① 原 則 法

A．債権の額　　　　円 ＋ 　　　円 ＝ 　　　円

B．債務の額　　　　円 ＋ 　　　円 ＝ 　　　円

C．判　　定　　A　＞／＜　B　　∴ 　　　円

いずれかを○で囲む

② 簡 便 法　　　　円 × 0.　　　（小数点以下　　　位未満切り　　　）

＝ 　　　円

③ 判　　定　　①　＞／＜　②　　∴ 　　　円

いずれかを○で囲む

(3) 実績繰入率

$$\frac{(\quad 円 + \quad 円 + \quad 円) \times \frac{\square}{\square}}{(\quad 円 + \quad 円 + \quad 円) \div \square}$$

＝ 0.　　　（小数点以下　　　位未満切り　　　）

(4) 法定繰入率　　0.010

(5) 繰入限度額

① 実績繰入率による繰入限度

　　　円 × 0.　　　＝ 　　　円

② 法定繰入率による繰入限度額

（　　　円 － 　　　円）× 0.　　　＝ 　　　円

③ 判　　定　①　＞／＜　②　　∴ 　　　円

いずれかを○で囲む

**114** 次の文章の（　　　）の中に，下記の語群から適当な語を選び，記入しなさい。

各事業年度の所得の金額の計算上（ア.　　　　　）の額に算入された貸倒引当金勘定の金額は，その事業年度の（イ.　　　　　　　）の所得の金額の計算上（ウ.　　　　）の額に算入する。

| | | | | | |
|---|---|---|---|---|---|
| 費用 | 収入 | 翌々事業年度 | 翌事業年度 | 益金 | 損金 |

## 13. 欠損金

**115** 次の文章の（　　　）の中にあてはまる語を下記の語群の中から選び記入しなさい。

(1) 当期（自令和6年4月1日至令和7年3月31日）の開始の日前（ア.　　　　）以内に（イ.　　　　）した事業年度において生じた欠損金がある場合には，その発生年度の古いものから順に，当期の所得金額を限度として（ウ.　　　　　）に算入される。

ただし，平成30年4月1日前に（エ.　　　　）した事業年度において生じた欠損金額については，欠損金の繰越期間を（オ.　　　　）以内とする。

なお，この規定を適用するためには，欠損金が生じた事業年度において（カ.　　　　　　）である確定申告書を提出し，かつ，その後（キ.　　　　）して確定申告書を提出していなければならない。

| | | | | |
|---|---|---|---|---|
| 益金の額 | 青色申告書 | 開始 | 一定 | 9年 |
| 損金の額 | 白色申告書 | 終了 | 連続 | 10年 |

(2) 青色申告書を提出する期末資本金の額等が（ア.　　　　　　）の法人等について生じた欠損金額については，欠損金の繰戻しによる（イ.　　　　　　）の適用ができる。

| | | | | |
|---|---|---|---|---|
| 1,000万円超 | 1億円超 | 1億円以下 | 控除制度 | 還付制度 |

# 第6章 法人税額の計算

**116** 次の資料により，C工業株式会社の当期（自令和6年4月1日　至令和7年3月31日）における納付すべき法人税額を算出しなさい。

(1) 期末資本金額　　50,000,000円
(2) 課税所得金額　　10,500,000円

1．年800万円以下の所得金額に対する税額

［　　　　円］×［―］×［　　%］＝［　　　　円］

2．年800万円を超える所得金額に対する税額

（［　　　　円］－［　　　　円］×［―］）×［　　%］＝［　　　　円］

3．納付すべき税額

［　　　　円］＋［　　　　円］＝［　　　　円］

**117** 次の資料により，D株式会社の当期（令和6年4月1日～令和7年3月31日）における納付すべき法人税額を算出しなさい。

(1) 期末資本金額　　70,000,000円
(2) 当期利益金額　　17,200,000円
(3) 損金不算入額　　15,650,000円（中間申告法人税額5,000,000円が含まれている。）
(4) 益 金 算 入 額　　700,000円
(5) 益金不算入額　　850,000円

1．課税所得金額

［　　　　円］＋（［　　　　円］＋［　　　　円］）－［　　　　円］

＝［　　　　円］

1．年800万円以下の所得金額に対する税額

［　　　　円］×［―］×［　　%］＝［　　　　円］

2．年800万円を超える所得金額に対する税額

（［　　　　円］－［　　　　円］×［―］）×［　　%］＝［　　　　円］

3．納付すべき税額

（［　　　　円］＋［　　　　円］）－［　　　　円］＝［　　　　円］

**118**　次の資料により，日本商事株式会社の第62期（自令和6年4月1日　至令和7年3月31日）事業年度の確定申告により納付すべき法人税額を計算しなさい。

| | | |
|---|---|---|
| (1) | 期末現在資本金額 | 30,000,000円 |
| (2) | 当期利益の額 | 9,257,850円 |
| (3) | 所得金額計算上の税務調整に関する事項 | |
| ① | 損金の額に算入した中間納付の法人税額 | 2,500,000円 |
| ② | 損金の額に算入した中間納付の県民税額及び市民税額 | 770,000円 |
| ③ | 損金の額に算入した納税充当金 | 3,860,000円 |
| ④ | 納税充当金から支出した前期分事業税額 | 850,000円 |
| ⑤ | 交際費等の損金不算入額 | 956,150円 |
| ⑥ | 前期減価償却超過額の当期認容額 | 680,000円 |
| ⑦ | 法人税額から控除される所得税額 | 336,000円 |

Ⅰ　所得金額の計算

| 摘要 | | 金額 |
|---|---|---|
| 当期利益 | | 円 |
| 加算 | | |
| | | |
| | | |
| | | |
| | 小計 | |
| 減算 | | |
| | | |
| | 小計 | |
| 仮計 | | |
| | | |
| 合計 | | |
| 所得金額 | | |

Ⅱ　納付すべき法人税額の計算

| 摘　要 | 金　額 | 計　算　過　程 |
|---|---|---|
| 所得金額 | 円 | 1,000円未満の端数切り捨て |
| 法人税額 | | (1)　年800万円以下の所得金額に対する税額<br>［　　円］×［―］×［　　%］<br>＝［　　円］<br>(2)　年800万円を超える所得金額に対する税額<br>(［　　円］－［　　円］×［―］)<br>×［　　%］＝［　　円］<br>(3)　税額<br>(1)＋(2)＝［　　円］ |
| 差引法人税額 | | |
| 法人税額計 | | |
| 控除税額 | | |
| 差引所得に対する法人税額 | | 100円未満の端数切り捨て |
| 中間申告分の法人税額 | | |
| 納付すべき法人税額 | | |

**119**　次の資料により，株式会社東工業の第6期（自令和6年4月1日　至令和7年3月31日）事業年度の確定申告により納付すべき法人税額を計算しなさい。

(1)　期末現在資本金額　100,000,000円

(2)　当期利益の額　21,845,000円

(3)　所得計算上の税務調整に関する事項

①　損金の額に算入した中間納付の法人税額　7,298,000円

②　損金の額に算入した中間納付の県民税及び市民税額　1,425,000円

③　損金の額に算入した納税充当金　17,000,000円

④　納税充当金から支出した事業税額　1,064,000円

⑤　減価償却超過額当期認容額　420,000円

⑥　寄附金の損金不算入額　230,600円

⑦　法人税額から控除される所得税額　916,000円

Ⅰ　所得金額の計算

| 摘要 | | 金額 |
|---|---|---|
| 当期利益 | | 円 |
| 加算 | | |
| | | |
| | | |
| | | |
| | 小計 | |
| 減算 | | |
| | | |
| | 小計 | |
| 仮計 | | |
| | | |
| | | |
| 合計・総計・差引計 | | |
| 所得金額 | | |

Ⅱ　納付すべき法人税額の計算

| 摘　　　要 | 金　　額 | 計　　算　　過　　程 |
|---|---|---|
| 所　得　金　額 | 円 | 1,000円未満の端数切り捨て |
| 法　人　税　額 | | (1)　年800万円以下の所得金額に対する税額<br>円 × — × %<br>= 円<br>(2)　年800万円を超える所得金額に対する税額<br>( 円 − 円 × — )<br>× % = 円<br>(3)　税額計<br>(1) + (2) = 円 |
| 差　引　法　人　税　額 | | |
| 法　人　税　額　計 | | |
| 控　除　税　額 | | |
| 差引所得に対する法人税額 | | 100円未満の端数切り捨て |
| 中間申告分の法人税額 | | |
| 納付すべき法人税額 | | |

**120**　次の資料により，四季株式会社の第32期（自令和６年４月１日　至令和７年３月31日）事業年度の確定申告により納付すべき法人税額を計算しなさい。

| | | |
|---|---|---|
| (1) | 期末現在資本金額 | 50,000,000円 |
| (2) | 当期利益の額 | 35,702,578円 |
| (3) | 所得金額の計算上税務調整すべき事項 | |
| ① | 損金の額に算入した中間納付の法人税額 | 13,000,000円 |
| ② | 損金の額に算入した中間納付の県民税及び市民税額 | 7,000,000円 |
| ③ | 損金の額に算入した納税充当金 | 20,000,000円 |
| ④ | 納税充当金から支出した前期分事業税額 | 9,530,000円 |
| ⑤ | 受取配当等の益金不算入額 | 836,300円 |
| ⑥ | 備品減価償却超過額 | 313,483円 |
| ⑦ | 交際費等の損金不算入額 | 3,580,600円 |
| ⑧ | 貸倒引当金繰入限度超過額の当期認容額 | 74,300円 |
| ⑨ | 寄附金の損金不算入額 | 1,307,830円 |
| ⑩ | 法人税額から控除される所得税額 | 575,000円 |

Ⅰ　所得金額の計算

| 摘要 | | 金額 |
|---|---|---|
| 当期利益 | | 円 |
| 加算 | | |
| | | |
| | | |
| | | |
| | | |
| | | |
| | 小計 | |
| 減算 | | |
| | | |
| | | |
| | 小計 | |
| 仮計 | | |
| | | |
| | | |
| 合計・総計・差引計 | | |
| 所得金額 | | |

Ⅱ　納付すべき法人税額の計算

| 摘要 | 金額 | 計算過程 |
|---|---|---|
| 所得金額 | 円 | 1,000円未満の端数切り捨て |
| 法人税額 | | (1)　年800万円以下の所得金額に対する税額<br>円 × — × %<br>＝ 円<br>(2)　年800万円を超える所得金額に対する税額<br>( 円 － 円 × — )<br>× % ＝ 円<br>(3)　税額計<br>(1) ＋ (2) ＝ 円 |
| 差引法人税額 | | |
| 法人税額計 | | |
| 控除税額 | | |
| 差引所得に対する法人税額 | | 100円未満の端数切り捨て |
| 中間申告分の法人税額 | | |
| 納付すべき法人税額 | | |

**121**　次の資料により，東西株式会社の第35期（自令和６年４月１日　至令和７年３月31日）事業年度の確定申告により納付すべき法人税額を計算しなさい。

| | | |
|---|---|---|
| (1) | 期末現在資本金額 | 80,000,000円 |
| (2) | 当期利益の額 | 46,518,274円 |
| (3) | 所得金額の計算上税務調整すべき事項 | |
| ① | 損金の額に算入した中間納付の法人税額 | 15,000,000円 |
| ② | 損金の額に算入した中間納付の県民税及び市民税額 | 8,000,000円 |
| ③ | 損金の額に算入した納税充当金 | 25,000,000円 |
| ④ | 納税充当金から支出した前期分事業税額 | 10,240,000円 |
| ⑤ | 受取配当等の益金不算入額 | 673,800円 |
| ⑥ | 車両減価償却超過額 | 202,362円 |
| ⑦ | 役員給与の損金不算入額 | 2,500,000円 |
| ⑧ | 貸倒引当金繰入限度超過額の当期認容額 | 216,400円 |
| ⑨ | 寄附金の損金不算入額 | 1,932,460円 |
| ⑩ | 法人税額から控除される所得税額 | 645,000円 |

Ⅰ　所得金額の計算

| 摘要 | | 金額 |
|---|---|---|
| 当期利益 | | 円 |
| 加算 | | |
| | | |
| | | |
| | | |
| | | |
| | | |
| | 小計 | |
| 減算 | | |
| | | |
| | | |
| | 小計 | |
| 仮計 | | |
| | | |
| | | |
| 合計・総計・差引計 | | |
| 所得金額 | | |

Ⅱ　納付すべき法人税額の計算

<table>
<tr><th>摘　　要</th><th>金　　額</th><th>計　算　過　程</th></tr>
<tr><td>所得金額</td><td>円</td><td>1,000円未満の端数切り捨て</td></tr>
<tr><td>法人税額</td><td></td><td>(1)　年800万円以下の所得金額に対する税額<br>［　　　円］×［―］×［　　%］<br>=［　　　円］<br>(2)　年800万円を超える所得金額に対する税額<br>(［　　　円］−［　　　円］×［―］)<br>×［　　%］=［　　　円］<br>(3)　税額計<br>(1)+(2)=［　　　円］</td></tr>
<tr><td>差引法人税額</td><td></td><td rowspan="6"><br><br><br>100円未満の端数切り捨て</td></tr>
<tr><td>法人税額計</td><td></td></tr>
<tr><td>控除税額</td><td></td></tr>
<tr><td>差引所得に対する法人税額</td><td></td></tr>
<tr><td>中間申告分の法人税額</td><td></td></tr>
<tr><td>納付すべき法人税額</td><td></td></tr>
</table>

# 第7章 同族会社

**122** 次の文章の（　　　）の中にあてはまる語を下記の語群の中から選び記入しなさい。

1．同族会社とは，会社の株主等（その会社が自己の株式又は出資を有する場合のその会社を除く）の（ア．　　　）以下並びにこれらと（イ．　　　）の関係のある個人及び（ウ．　　　）が，その会社の発行済株式又は出資（その会社が有する自己の株式又は出資を除く）の総数又は総額の（エ．　　　　）を超える数又は金額の株式又は出資を有する場合その他一定の場合におけるその会社をいう。

2．同族会社のうち（オ．　　　）株主グループの持株割合が50%（カ．　　　）の会社で，かつ，資本金の額が（キ．　　　）億円超の会社（特定同族会社）については，留保金課税が適用される。

3．2の特定同族会社については，社内に留保した利益（留保金額）が一定の控除額（留保控除額）を超える場合，その超える部分の金額（課税留保金額）に，課税留保金額に応じ10%，（ク．　　　），20%の特別税率を乗じて計算した金額が，通常の法人税額に（ケ．　　　）される。

| | | | | | | | |
|---|---|---|---|---|---|---|---|
| 100分の30 | 3　人 | 友　人 | 団　体 | 超 | 3 | 18% | 加　算 |
| 100分の50 | 5　人 | 特　殊 | 法　人 | 以　下 | 1 | 15% | 減　算 |

**123** 次の会社が同族会社であるかどうかを判定しなさい。

1．町田株式会社

| 株　主 | 持株数 |
|---|---|
| 甲野太郎 | 50,000株 |
| 乙川二郎 | 30,000株 |
| 夏山　登 | 15,000株 |
| その他少数株主 | 105,000株 |
| 合　計 | 200,000株 |

（［　　　］株＋［　　　］株＋［　　　］株）

÷200,000株＝［　　　］%≦50%

従って同族会社で［　　　］。

2．浦和株式会社

| 株　主 | 持株数 |
|---|---|
| 春野花子 | 95,000株 |
| 秋里一夫 | 50,000株 |
| 冬川令子 | 35,000株 |
| その他少数株主 | 120,000株 |
| 合　計 | 300,000株 |

（［　　　］株＋［　　　］株＋［　　　］株）

÷300,000株＝［　　　］%＞50%

従って同族会社で［　　　］。

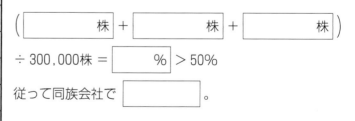

**124** H株式会社の当期末における下記の資料により，同族会社の判定，留保金課税の適用法人の判定を行いなさい。（2級）

<資　料>

| 株　主　名 | 役 職 名 等 | 備　　考 | 持　株　数 |
|---|---|---|---|
| A | 代表取締役 | — | 15,000株 |
| B | 常務取締役 | Aの知人 | 10,000株 |
| C | — | 非同族会社 | 8,500株 |
| D | 専務取締役 | Aの知人 | 5,700株 |
| E | 取締役営業部長 | Aの妻 | 4,300株 |
| F | 監査役 | Bの知人 | 3,000株 |
| G | 取締役工場長 | Bの長男 | 1,500株 |
| H | — | Dの長女 | 1,200株 |
| I | — | Dの知人 | 1,000株 |
| その他少数株主 | — | （注） | 19,800株 |
| 合 | | 計 | 70,000株 |

（注）AからIまでの株主と特殊関係はなく，各人の持株数は500株未満の個人株主である。

1．株主グループ別持株数（　　内に加算する株式数を記入する。）

第1順位の株主グループ　　＝　　株

第2順位の株主グループ　　＝　　株

第3順位の株主グループ　　＝　　株

第4順位の株主グループ　　＝　　株

2．同族会社の判定

（第1順位）　（第2順位）　（第3順位）

　　株＋　　株＋　　株＝　　株

｛＞ ≦｝　　株×$\frac{\quad}{100}$＝　　株

いずれかを○で囲む

∴ 同族会社に該当｛する しない｝

いずれかを○で囲む

3．留保金課税の適用法人の判定

（第　　順位）

　　株｛＞ ≦｝　　株×$\frac{\quad}{100}$＝　　株

いずれかを○で囲む

∴ 留保金課税の適用｛あり なし｝

いずれかを○で囲む

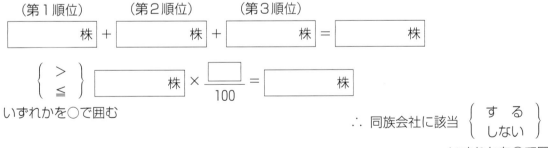

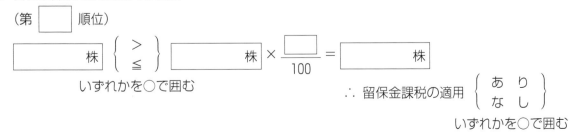

# 第8章 申告と納付

**125** 次の文章の（　　　）の中にあてはまる語を下記の語群の中から選び記入しなさい。

会社は，原則としてその事業年度終了の日の翌日から（ア.　　　　　）以内に，納税地を管轄する税務署長に，法人税の（イ.　　　　　　）を提出し，同日までに，申告書で計算した法人税額を納付しなければならない。

また会社が1年決算の場合，前事業年度の法人税額の半分が（ウ.　　　　　　）を超えるときには，当事業年度開始の日から（エ.　　　　　）を経過した日から（オ.　　　　　）以内に，中間申告をしなければならない。

なお，期限までに申告書を提出しなかった場合や納付すべき税額を納めなかった場合には，無申告加算税や延滞税などがかかることになる。

| | | | | | | | |
|---|---|---|---|---|---|---|---|
| 1 か 月 | 2 か 月 | 5 か 月 | 6 か 月 | 届 出 書 | 確定申告書 | 100,000円 | 200,000円 |

**126** 次の文章の（　　　）の中に，下記の語群から適当な語を選び，記入しなさい。

1．内国法人である普通法人（清算中のものを除く。）は，その事業年度が6月を超える場合には，その事業年度開始の日以後6月を経過した日から（ア.　　　　　　）に，税務署長に対し，納付すべき法人税額等を記載した（イ.　　　　　　）を提出しなければならない。ただし，納付すべき法人税額が（ウ.　　　　　）以下である場合又はその金額がない場合は，（エ.　　　　　　）の提出を要しない。

2．中間申告の方法として，（オ.　　　　　　）の実績を基にして行う方法と当事業年度開始日以後（カ.　　　　　）の実績を行う方法の2つの方法が認められている。

3．確定申告書の提出があった場合において，その申告書に所得税額等の控除不足額の記載があるときは，（キ.　　　　　　）は，その申告書を提出した内国法人に対し，その金額に相当する税額を（ク.　　　　）する。

| | | | | | |
|---|---|---|---|---|---|
| 1 月 以 内 | 6 ヶ 月 間 | 前 事 業 年 度 | 中 間 申 告 書 | 10万円 | 還　　付 |
| 2 月 以 内 | 1　年　間 | 税 務 署 長 | 確 定 申 告 書 | 15万円 | 納　　付 |

**127** 前期（令和5年4月1日～令和6年3月31日）における法人税額は，500,000円である。当期（令和6年4月1日～令和7年3月31日）の中間申告（予定申告）の申告期限と納付額を記入しなさい。

申告期限　令和［　　］年［　　］月［　　］日

納 付 額　［　　　　円］×（［　　］／［　　］）＝［　　　　円］

# 力だめし

**128** 次の資料により，日本商事株式会社の第28期事業年度（自令和６年４月１日　至令和７年３月31日）の確定申告により納付すべき法人税額を解答欄にしたがって計算しなさい。

＜資　料＞

1．期末現在資本金の額　70,000,000円

2．当期利益の額　30,030,000円

3．所得金額の計算上税務調整すべき事項

(1) 損金の額に算入した中間納付の法人税額　7,740,000円

(2) 損金の額に算入した中間納付の県民税及び市民税の額　1,400,300円

(3) 損金の額に算入した納税充当金　9,200,000円

(4) 交際費等の損金不算入額　1,730,000円

(5) 役員給与の損金不算入額　1,500,000円

(6) 貸倒引当金繰入限度超過額　745,900円

(7) 減価償却に関する事項

| 種　類 | 損金経理償却費 | 税法上の償却限度額 |
|---|---|---|
| 器具備品 | 3,500,000円 | 4,230,000円 |
| 車両運搬具 | 1,500,000円 | 1,128,000円 |

(8) 納付充当金から支出した前期分事業税額　1,505,000円

(9) 受取配当等の益金不算入額　213,150円

(10) 寄附金の損金不算入額　750,000円

(11) 法人税額から控除される所得税額　250,020円

なお，提示された資料以外は一切考慮しないものとする。

Ⅰ　所得金額の計算

| 摘　要 | | 金　額 |
|---|---|---|
| 当期利益 | | 円 |
| 加算 | | |
| | | |
| | | |
| | | |
| | | |
| | | |
| | | |
| | | |
| | 小　計 | |

| | | |
|---|---|---|
| 減算 | | |
| | | |
| | 小　　　　　計 | |
| 仮　　　　　計 | | |
| | | |
| | | |
| 合　計・総　計・差　引　計 | | |
| 所　得　金　額 | | |

Ⅱ　計算過程

| 項　　目 | 計　算　過　程 |
|---|---|
| 減　価　償　却 | 1．器具備品<br>償却限度額　　会社計上償却費　　償却不足額<br>円 － 円 ＝ 円<br>2．車両運搬具<br>会社計上償却費　　償却限度額　　償却超過額<br>円 － 円 ＝ 円 |

Ⅲ　納付すべき法人税額の計算

| 摘　　要 | 金　　額 | 計　算　過　程 |
|---|---|---|
| 所　得　金　額 | 円 | 円未満の端数切り捨て |
| 法　人　税　額 | | ⑴　年800万円以下の所得金額に対する税額<br>円 × $\frac{\quad}{12}$ × %<br>＝ 円<br>⑵　年800万円を超える所得金額に対する税額<br>( 円 － 円<br>× $\frac{\quad}{12}$ ) × % ＝ 円<br>⑶　税額計　⑴＋⑵＝ 円 |
| 差引法人税額 | | |
| 法人税額計 | | |
| 控除税額 | | |
| 差引所得に対する法人税額 | | 円未満の端数切り捨て |
| 中間申告分の法人税額 | | |
| 納付すべき法人税額 | | |

**129** 次の資料により非同族会社であるZ株式会社の当期（自令和6年4月1日　至令和7年3月31日）の課税標準となる所得金額及び確定申告により納付すべき法人税額を計算しなさい。

＜資　料＞

1．期末資本金の額　80,000,000円

2．確定した決算による当期利益の額　41,870,000円

3．所得金額の計算上税務調整すべき事項

(1) 損金の額に算入した中間納付の法人税の額　17,690,000円

(2) 損金の額に算入した中間納付の住民税の額　3,680,000円

(3) 損金の額に算入した納税充当金　20,000,000円

(4) 納税充当金から支出した前期分事業税の額　3,870,000円

(5) 貸倒引当金の繰入限度超過額　554,000円

(6) 前期貸倒引当金の繰入限度超過額認容　375,000円

(7) 減価償却に関する事項

| 種　類 | 取得価額 | 損金経理償却費 | 期末帳簿価額 | 耐用年数 | 償却方法 | 償却率 |
|---|---|---|---|---|---|---|
| 建　物 | 65,000,000円 | 1,500,000円 | 41,172,500円 | 38年 | 旧定額法 | 0.027 |
| 機　械 | 12,500,000円 | 2,140,068円 | 8,159,932円 | 11年 | 定率法 | 0.182 |
| 備　品 | 3,750,000円 | 700,000円 | 3,050,000円 | 10年 | 定率法 | 0.200 |
| 車　両 | 2,500,000円 | 605,000円 | 795,000円 | 5年 | 定率法 | 0.400 |

① 建物には，前期以前に発生した繰越償却超過額が135,000円ある。

② 機械には，前期以前に発生した繰越償却不足額が75,000円ある。

③ 備品は，当期中の7月26日に取得し，同日事業の用に供したものである。

④ 車両には，前期以前に発生した繰越償却超過額が100,000円ある。

※建物以外は平成24年4月1日以後に取得している。

(8) 交際費等に関する事項

① 当期において交際費勘定に損金経理により計上した金額の内訳は次のとおりである。

イ．得意先に対し当社の社名入りの手帳を配布した費用　2,430,000円

ロ．社内会議に関連して支出した茶菓・弁当代　1,160,000円

ハ．仕入先の従業員に対する慶弔費用　2,200,000円

ニ．得意先に対する見本品の供与のために要した費用　1,500,000円

ホ．その他の費用で税務上の交際費等に該当するもの　19,260,000円

② 当期中の3月に得意先を旅行に招待した費用1,800,000円は，当期末現在請求書が未着であるため，何らの処理もしていない。

③ ①，②のうち，税務上の支出交際費に該当する接待飲食費は，16,260,000円である。

(9) 国庫補助金に関する事項

① 当期中の4月3日に国庫補助金15,000,000円の交付を受け，その交付の目的に適合した土地を当期中の8月25日に自己資金5,000,000円を加え20,000,000円で取得し，ただちに事業の用に供した。なお，この国庫補助金については，当期末までに返還不要が確定している。

② この土地に対し，損金経理により土地圧縮損17,300,000円を計上するとともに，同額を土地の帳簿価額から減額している。

⑽ 受取配当等の益金不算入額 837,000円

⑾ 法人税額から控除される所得税額 144,250円

Ⅰ 所得金額の計算

| 摘要 | | 金額 |
|---|---|---|
| 当期利益 | | 円 |
| 加算 | | |
| | | |
| | | |
| | | |
| | | |
| | | |
| | | |
| | | |
| | | |
| | | |
| | 小計 | |
| 減算 | | |
| | | |
| | | |
| | | |
| | | |
| | 小計 | |
| 仮計 | | |
| | | |
| 合計・総計・差引計 | | |
| 所得金額 | | |

Ⅱ　計算過程

| 項　　目 | 計　算　過　程 |
|---|---|
| 減　価　償　却 | 1．建物<br>(1)　会社計上償却費　　　円<br>(2)　償却限度額<br>　　円 × 0.9 × 0.　　＝　　円<br>(3)　認容額<br>(2) − (1) ＝　　円 { ＞ ＜ }　　円<br>（いずれかを○で囲む）∴　　円<br>2．機械<br>(1)　会社計上償却費　　　円<br>(2)　償却限度額<br>（　　円 ＋　　円）× 0.<br>＝　　円<br>(3)　償却超過額<br>(1) − (2) ＝　　円<br>3．備品<br>(1)　会社計上償却費　　　円<br>(2)　償却限度額<br>　　円 × 0.　　× ―― ＝　　円<br>(3)　償却超過額<br>(1) − (2) ＝　　円<br>4．車両<br>(1)　会社計上償却費　　　円<br>(2)　償却限度額<br>（　　円 ＋　　円 ＋　　円）<br>× 0.　　＝　　円<br>(3)　償却超過額<br>(1) − (2) ＝　　円 |
| 交　際　費　等 | 1．支出交際費等<br>　　円 ＋　　円 ＋　　円<br>＝　　円 |

| | |
|---|---|
| | 2．損金算入限度額<br>① 円 × ―― ＝ 円 ≧ ＜<br>（いずれかに○）<br>（ 円 × 0. ＝ 円 ）<br>∴ 円<br>② 円 ＞ 円 ∴ 円<br>3．損金不算入額<br>円 － 円 ＝ 円 |
| 国庫補助金 | 1．圧縮限度額<br>円<br>円<br>いずれか ｛多い／少ない｝ 額 ∴ 円<br>（いずれかを○で囲む）<br>2．圧縮超過額<br>円 － 円 ＝ 円 |

Ⅲ　納付すべき法人税額の計算

| 摘要 | 金額 | 計算過程 |
|---|---|---|
| 所得金額 | 円 | 円 未満の端数切り捨て |
| 法人税額 | | (1) 年800万円以下の所得金額に対する税額<br>円 × $\frac{12}{12}$ × ％<br>＝ 円<br>(2) 年800万円を超える所得金額に対する税額<br>（ 円 － 円 × $\frac{12}{12}$ ）<br>× ％ ＝ 円<br>(3) 税額計 (1)＋(2)＝ 円 |
| 差引法人税額 | | |
| 法人税額計 | | |
| 控除税額 | | |
| 差引所得に対する法人税額 | | 円 未満の端数切り捨て |
| 中間申告分の法人税額 | | |
| 納付すべき法人税額 | | |

[編者紹介]

**経理教育研究会**

商業科目専門の執筆・編集ユニット。
英光社発行のテキスト・問題集の多くを手がけている。
メンバーは固定ではなく、開発内容に応じて専門性の
高いメンバーが参加する。

ちょっと臆病なチキンハートの犬

# チキン犬

・とても傷つきやすく、何事にも慎重。
・慎重すぎて逆にドジを踏んでしまう。
・頼まれごとにも弱い。
・のんびりすることと音楽が好き。
・運動は苦手(犬なのに…)。
・好物は緑茶と大豆食品。



**法人税法問題集　令和6年度版**

2024年5月15日　発行

編　者　経理教育研究会
発行所　株式会社 英光社
〒176-0012　東京都練馬区豊玉北1-9-1
TEL 050-3816-9443
振替口座 00180-6-149242
https://eikosha.net


ISBN 978-4-88327-842-8 C2034



本書の内容に誤りが見つかった場合は、
ホームページにて正誤表を公開いたします。
https://eikosha.net/seigo

本書の内容に不審な点がある場合は、下記よりお問合せください。
https://eikosha.net/contact
FAX 03-5946-6945
※お電話でのお問合せはご遠慮ください。

落丁・乱丁本はお取り替えいたします。
上記contactよりお問合せください。